BIBLIOTHÈQUE DÉMOCRATIQUE

VICTOR SCHŒLCHER

LE
DEUX DÉCEMBRE

LES MASSACRES DANS PARIS

PARIS

LIBRAIRIE DE LA BIBLIOTHÈQUE DÉMOCRATIQUE

9, place des Victoires, 9

30 centimes

...U FRANCO DANS TOUTE LA FRANCE

...dition. — 1872.

LE

DEUX DÉCEMBRE

LES MASSACRES DANS PARIS

BIBLIOTHÈQUE DÉMOCRATIQUE

DIRECTEUR : M. VICTOR POUPIN

VICTOR SCHŒLCHER

LE

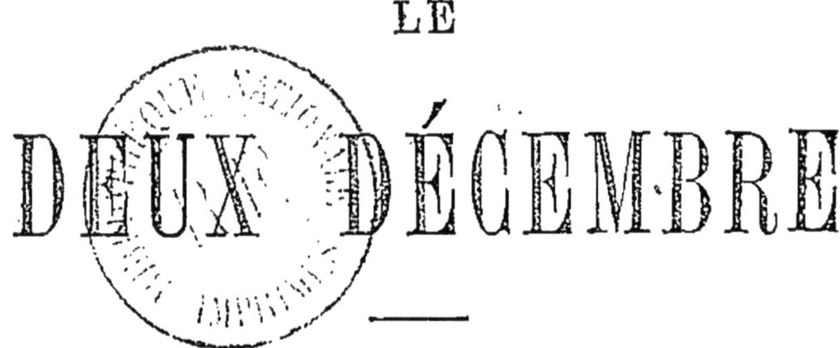

DEUX DÉCEMBRE

LES MASSACRES DANS PARIS

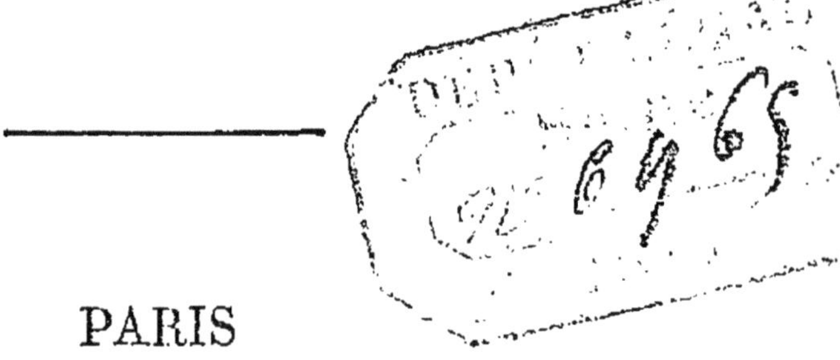

PARIS

LIBRAIRIE DE LA BIBLIOTHÈQUE DÉMOCRATIQUE

9, PLACE DES VICTOIRES, 9

1872

VICTOR SCHŒLCHER

Après quelques travaux de critique littéraire et artistique, Victor Schœlcher, né à Paris, le 21 juillet 1804, s'occupa plus particulièrement de politique, heureux de consacrer son talent, sa fortune, sa vie au triomphe des idées libérales.

Une collaboration active à la *Revue républicaine*, à *la Réforme*, au *Journal du peuple*, lui valut une part de péril et d'honneur dans la lutte contre les Bourbons.

Plusieurs voyages dans nos colonies, puis en Grèce, en Turquie, en Amérique, révoltèrent ce cœur généreux par le spectacle de l'esclavage, et dès lors en de nombreux ouvrages émus, énergiques, élevés, il ne cessa de réclamer l'émancipation immédiate de races injustement opprimées.

Après la chute des d'Orléans, Victor Schœlcher, le lendemain de son entrée au ministère de la marine comme sous-secrétaire d'Etat, fit proclamer le principe de l'affranchissement des noirs dans nos possessions, principe bientôt consacré par l'immortel décret républicain du 27 avril 1848.

On attribue également à cet homme de bien le décret du 12 mars 1848, qui effaça de notre Code maritime la peine ignominieuse du fouet, indigne d'un peuple libre.

Nommé représentant à la Constituante, puis à la Législative par la Guadeloupe, Victor Schœlcher continua d'écrire en faveur de nos colonies, en même temps qu'il votait avec l'extrême gauche. Il est l'auteur de l'amendement qui obligea les Compagnies de chemins de fer à fermer et à couvrir les wagons de troisième classe. Notre collaborateur avait également demandé l'abolition de la peine de mort, et cette proposition était à l'ordre du jour de l'Assemblée, lorsque les bandits du coup d'Etat égorgèrent la République.

Vice-président de la réunion de la Montagne, Victor Schœlcher, au Deux Décembre, fit partie du comité de résistance. Il était, revêtu de son écharpe, à la première barricade du faubourg Saint-Antoine, au moment où fut tué Baudin, et il combattit tant que la lutte du droit contre la force fut possible.

C'est pendant son exil en Angleterre qu'il écrivit, entre autres ouvrages, son grand et beau livre : *Histoire des crimes du Deux Décembre*, œuvre où l'historien vengeur cloue au pilori l'usurpation impériale, et à laquelle sont empruntées les pages de ce petit volume.

Le peuple n'est pas ingrat. Tout naturellement Victor Schœlcher est encore aujourd'hui représentant à l'Assemblée nationale. Il y a des hommes à l'égard desquels l'estime est un devoir et la sympathie un bonheur.

VICTOR POUPIN.

LE

DEUX DÉCEMBRE

LES MASSACRES DANS PARIS

I

Le principal confident de la conjuration militaire du 2 décembre, M. P. Mayer, a révélé les doctrines des conspirateurs et leurs résolutions préméditées.

« En somme, dit-il, tout commentaire est inutile. Il fallait, *sous peine de défaite honteuse* et de guerre civile, ne pas seulement prévenir, mais ÉPOUVANTER. En matière de coup d'État, on ne discute pas, ON FRAPPE ; on n'attend pas *l'ennemi,* ON FOND DESSUS ; ON BROIE ou l'on est broyé. »

Là est l'explication des crimes monstrueux qui ont donné la victoire à l'insurrection élyséenne, et qui feront de la journée du 4 décembre l'une des pages les plus sanglantes, les plus hideuses, les plus déshonorantes de l'histoire du dix-neuvième siècle.

Les conjurés, pour réussir, ont *frappé, broyé, épouvanté.* Lorsqu'ils passèrent de l'Élysée aux Tuileries, le sang répandu leur montait jusqu'à la cheville, et ces affreux triomphateurs étaient accompagnés par le long gémissement des mères, des sœurs, des femmes de ceux qu'ils avaient assassinés.

Quelles que fussent les dispositions générales du peuple et de la bourgeoisie, un grand nombre de citoyens de toutes classes se mirent en mesure de défendre la République.

Des ouvriers d'élite, des membres des associations, des chefs d'ateliers se répandirent partout, et profitèrent de l'impression produite par la barricade du faubourg Saint-Antoine (1) pour dire qu'il y avait un double devoir à suivre les représentants Montagnards.

Dès le soir du 3, il y eut quelques escarmouches rues du Temple, Rambuteau, Beaubourg, Grenétat et Transnonain.

Le 4 au matin, la résistance prit un caractère assez sérieux. Des barricades furent élevées dans différentes directions par ces hommes intrépides que l'on trouve toujours prêts, dès le premier moment, à risquer leur vie et ce

(1) La première barricade élevée; Baudin représentant du peuple, s'y était fait tuer héroïquement.

qu'ils possèdent de plus cher pour le bien de la chose publique.

Les citoyens Pierre et Jules Leroux, représentants du peuple, Desmoulins, typographe, Naquet, réfugié de Londres, qui avait pu gagner Paris, Boquet, Nétré, avec des ouvriers et des délégués, formaient un groupe très-actif.

Ils étaient parvenus, malgré toute la surveillance de la police dont l'insurrection disposait, à imprimer et placarder quelques exemplaires d'un appel aux travailleurs fait par le Comité central des corporations. C'est une pièce remarquable, dans laquelle on retrouve la netteté de vue, le caractère mâle qui distinguent les œuvres populaires :

AUX TRAVAILLEURS.

« Citoyens et compagnons !

« Le pacte social est brisé !

« Une majorité royaliste, de concert avec Louis-Napoléon, a violé la constitution le 31 mai 1850.

« Malgré la grandeur de cet outrage, nous attendions, pour en obtenir l'éclatante réparation, l'élection générale de 1852.

« Mais hier, celui qui fut le président de la République a effacé cette date solennelle.

« Sous prétexte de restituer au peuple un droit que nul ne peut lui ravir, il veut, en réalité, le placer sous une dictature militaire.

« Citoyens, nous ne serons pas dupes de cette ruse grossière.

« Comment pourrions-nous croire à

la sincérité et au désintéressement de Louis-Napoléon ?

« Il parle de maintenir la République, et il jette en prison les républicains ;

« Il promet le rétablissement du suffrage universel, et il vient de former un conseil consultatif des hommes qui l'ont mutilé ;

« Il parle de son respect pour l'indépendance des opinions, et il suspend les journaux, il envahit les imprimeries, il disperse les réunions populaires ;

« Il appelle le peuple à une élection, et il le place sous l'état de siége : il rêve on ne sait quel escamotage perfide qui mettrait l'électeur sous la surveillance d'une police stipendiée par lui.

« Il fait plus, il exerce une pression sur nos frères de l'armée, et viole la conscience humaine en les forçant de voter pour lui, sous l'œil de leurs officiers, en quarante-huit heures.

« Il est prêt, dit-il, à se démettre du pouvoir, et il contracte un emprunt de vingt-cinq millions, engageant l'avenir sous le rapport des impôts qui atteignent indirectement la subsistance du pauvre.

« Mensonge, hypocrisie, parjure, telle est la politique de cet usurpateur.

« Citoyens et compagnons, Louis-Napoléon s'est mis hors la loi. La majorité de l'Assemblée, cette majorité qui a porté la main sur le suffrage universel, est dissoute.

« Seule, la minorité garde une autorité légitime. Rallions-nous autour de cette minorité. Volons à la délivrance des républicains prisonniers ; réunissons au milieu de nous les représentants fidèles au suffrage universel ; faisons-leur un rempart de nos poitrines ; que nos délégués viennent grossir leurs rangs, et forment avec eux le noyau de la nouvelle Assemblée nationale (1) !

« Alors, réunis au nom de la constitution, sous l'inspiration de notre dogme fondamental : Liberté, Fraternité, Égalité, à l'ombre du drapeau populaire, nous aurons facilement raison du nouveau César et de ses prétoriens !

« LE COMITÉ CENTRAL DES CORPORATIONS. »

« Les républicains proscrits reviennent dans nos murs seconder l'effort populaire. »

Cette proclamation fut lue par des

(1) Nous citons cette pièce comme un des plus nobles documents de la résistance, mais sans en partager toutes les idées. Selon nous, la majorité de l'Assemblée n'était pas plus dissoute que la minorité; selon nous, la nouvelle Assemblée, comme le proclama la Montagne, ne pouvait sortir que du suffrage universel librement consulté. Nous sommes ennemi juré de toute dictature individuelle ou de toute Convention dictatoriale, parce que la dictature, c'est la suspension de l'empire du droit. Il n'y a d'autorité légitime que celle émanant du peuple.

hommes dévoués, à haute voix, au milieu des groupes, sur les barricades, et prouva aux conjurés que la déloyauté de leurs protestations républicaines était percée à jour.

Les barricades élevées sur plusieurs points à la fois leur firent comprendre aussi que l'on commençait à revenir de la première surprise et à s'entendre.

D'un autre côté, l'attitude de la bourgeoisie réunie en masse compacte sur les boulevards, ses paroles de réprobation unanimement proférées, ses cris de « Vive la République ! » quand passaient les troupes, ne laissèrent aucun doute sur l'hostilité de ses sentiments.

Il suffirait d'une étincelle pour la faire passer du blâme à l'action. La majorité du peuple était encore froide, mais l'énergie des premiers combattants pouvait l'entraîner ; les gardes nationaux, trahis par le général Lawœstine, étaient encore enfermés chez eux, mais il n'était pas impossible qu'ils se décidassent spontanément, et, s'ils se montraient, la partie du peuple qui, dans ces crises funestes, ne prend les armes que le second jour, ne manquerait pas de se battre.

Les insurgés conçurent des craintes vives, ils résolurent d'étouffer ces symptômes dans le sang. Ils occupaient tous les postes, 120,000 soldats leur obéissaient, ils crurent à la victoire par la terreur et ne réussirent que trop. La troupe fut enivrée, les ordres les plus barbares lui furent donnés, et les officiers, honnêtes gens, se chargèrent de la surexciter encore par l'exemple de la cruauté.

Pour l'engager dans le crime, on lui commanda, tout d'abord, de véritables assassinats, on la fit tirer sur les citoyens les plus tranquilles comme des chasseurs tireraient sur des animaux malfaisants. Une dame nous a personnellement certifié que le jeudi 4 décembre, entre trois et quatre heures, rue de la Chaussée-d'Antin, la troupe fit feu quoiqu'il n'y eût eu aucune démonstration hostile : cette dame avait été obligée de se réfugier sous une porte cochère. Le même jour, à la même heure, un de nos amis, débouchant de la rue Vivienne, reçut, avec tous les passants, une décharge de mousqueterie.

— Les soldats établis place de la Bourse ont tiré sur nous, nous dit-il, parce que nous étions des bourgeois, rien de plus ; il n'y avait eu de la part des personnes présentes quoi que ce fût qui pût motiver cette sanglante brutalité.

Notre courageux ami, le citoyen Jules Simon, professeur de philosophie à l'École normale, a écrit à un journal de province : « ... Rue Montmartre, vers quatre heures, on a tiré sur un groupe *inoffensif, sans armes, ne criant pas.* Un homme tombe, nous le relevons, il n'était que blessé. A trois pas de là, un autre était mort. Une femme avait le bras cassé par une balle. Je retourne rue de Richelieu, je vois un soldat ajuster une fenêtre, etc. » A la même heure, le citoyen Ruin, aujourd'hui à Londres, a vu des fantassins massés boulevard du Temple, au coin de la rue Charlot, faire une décharge sur des groupes inoffensifs et y tuer plusieurs personnes. Nous pouvons rapporter encore l'attestation d'un de nos compagnons d'exil, le citoyen Naquet, qui, allant de la rue Lafayette au faubourg Saint-Denis, se trouva en avant de deux compagnies sorties de la caserne Poissonnière. Au coin du faubourg, il vit une douzaine d'hommes occupés à construire une barricade ; il les engagea à se retirer, jugeant bien qu'ils ne pourraient tenir contre les deux compagnies qui s'avançaient. A peine étaient-ils partis, que le détachement arriva et fit feu sur les curieux qui regardaient aux alentours !

Il entrait bien évidemment dans les plans des conjurés militaires d'engager l'armée avec eux par des meurtres. Expliquez autrement ces fusillades sans la moindre provocation d'une part, sans aucune sommation de l'autre ?

II

Mais c'est surtout dans les atrocités commises de propos délibéré sur les boulevards des Italiens, Montmartre et Poissonnière, le [illegible], à deux heures, que l'on reconnaît la volonté bien arrêtée de vaincre à tout prix, de terroriser la bourgeoisie, « *d'épouvanter la population, de fondre sur elle, de la broyer* ».

On ne fait pas monter à moins de 50,000 hommes le nombre des troupes, artillerie, infanterie et cavalerie qui couvrirent toute la longueur des boulevards, depuis la Madeleine jusqu'à la porte Saint-Denis. Pourquoi cet amas de soldats concentré sur un point de la ville où il n'y avait, où il n'y eut jamais de barricades, si ce n'était pour exécuter un plan dont la férocité ne trouve rien d'égal dans l'histoire des plus grands scélérats couronnés ?

Voici de quelle manière la *Patrie* du 6 relate le commencement des massacres :

« Un malheureux incident a signalé la journée d'hier sur le boulevard des Italiens. Voici les faits détaillés :

« Au passage du 1er de lanciers, de

la brigade Reybell, et de la gendarmerie mobile, plusieurs coups de feu sont partis *de différentes maisons* et plusieurs lanciers ont été blessés. Ce régiment a riposté et DES DÉGATS regrettables, mais naturels et *nécessaires*, en sont résultés.

« *Les individus qui se trouvaient dans ces maisons, ont été plus ou moins atteints* par les coups de feu de la troupe. Les soldats, sur l'ordre de leurs chefs, ont ensuite dû pénétrer, de vive force, *dans plusieurs maisons*, et notamment au Café de Paris, dans la Maison-d'Or, au café Tortoni, à l'hôtel de Castille, dans la maison de la Petite-Jeannette et au café du Grand-Balcon. Ils ont saisi des fusils dont la culasse était encore chaude. Les individus trouvés dans ces établissements ont été arrêtés. Deux ouvriers tailleurs, *soupçonnés* d'avoir tiré de la maison du tailleur Dusautoy, rue Lepelletier, 2, ont été également arrêtés, et *ils auraient été* FUSILLÉS sans l'intervention du général Lafontaine.

« Le cercle du Commerce, qui occupe le grand balcon du premier étage de cette même maison, et qui se compose de notabilités de l'armée, de l'industrie et de l'administration, propriétaires, rentiers, négociants, généraux, tous hommes honorables, a failli être victime de son voisinage avec le tailleur. Les balles de lanciers ont malheureusement atteint deux membres distingués de ce cercle, le général Billiard et M. Duvergier. Le premier a été blessé à l'œil droit par un éclat, et le second plus grièvement à la cuisse gauche. »

Doux et benins personnages qui menacent toujours la société des échafauds du socialisme ! Avec quelle tranquillité ils vous disent qu'on allait *fusiller* deux ouvriers *soupçonnés!* Comme on reconnaît bien des modérés bonapartistes à ces traits d'insensibilité que l'on voit percer jusque dans le récit de ce qu'ils consentent à appeler « un malheureux incident! »

A-t-on tiré de quelques maisons des boulevards sur la troupe? cela paraît certain.

Tous les mauvais gouvernements ont eu des agents provocateurs; tous ont employé la police à pousser aux excès. Nous en sommes convaincu, rien n'est plus facile à admettre. Cependant nous n'avons pas coutume de voir l'action de la police partout. Mais ici il nous semble difficile de ne pas reconnaître sa main. Des masses de soldats occupaient militairement les boulevards; quel républicain eût été assez fou pour venir tirer sur elles de l'intérieur d'habitations non défendues? A quoi bon? Dans quel but? Des coups de feu isolés ne pouvaient rien, absolument rien produire là d'utile pour le salut de la République; ils ne pouvaient évidemment que servir les projets bonapartistes en irritant la troupe, en fournissant aux chefs de corps complices un nouveau moyen de l'exciter.

Il faut donc attribuer ces coups de feu à ceux qui en avaient besoin pour pousser l'armée aux massacres. Les fusils d'où ils sont partis doivent avoir été chargés à l'Élysée. La maison du Grand-Balcon, une des plus maltraitées, comme celle qui aurait été la plus coupable, est habitée : au rez-de-chaussée, par M. Dusautoy, tailleur de l'ex-président, reconnu pour bonapartiste, ce qui permet de le considérer comme un double ami de l'ordre; au premier, par le cercle du Commerce, composé de *notabilités*, selon la propre expression de la *Patrie*. Le moyen de croire qu'un républicain ait pu se glisser là, et entrer dans un appartement pour y attaquer à lui tout seul deux régiments de cavalerie ?

En tous cas, cette attaque ne pourrait avoir été qu'isolée, individuelle, sans caractère grave. Elle devint cependant le signal d'une boucherie dont le souvenir effacera celle de la rue Transnonain en 1832.

Sur l'ordre de leurs chefs, les soldats envoyèrent des volées de balles à droite et à gauche, indistinctement du premier au dernier étage ; pour se venger, leur avait-on insinué, « de la guerre des fenêtres en Février et en Juin ». Ils visaient toute personne, homme *ou femme,* qui apparaissait même derrière les vitres.

Au moment où partirent les premiers coups, deux jeunes filles irlandaises, qui habitaient un appartement au-dessus du Café de Paris, s'approchèrent de leur fenêtre par un sentiment bien naturel d'inquiétude et de curiosité. Les vitres grandes et claires rendaient ces demoiselles parfaitement visibles du dehors, aucune méprise n'était possible, cependant les troupes les mirent en joue, et elles avaient eu à peine le temps de fuir que quinze balles vinrent fracasser leur fenêtre et quelques meubles de leur chambre !

Un grand nombre de personnes, des enfants même, furent tués ou blessés ainsi *dans leurs appartements.* Entre autres, Jollivart, peintre de paysage assez renommé, atteint pendant qu'il travaillait, succomba devant son chevalet, le pinceau à la main. Boulevard Poissonnière, n° 20, M. Pecquet, ancien médecin, millionnaire, âgé de soixante-quinze ans, se trouvait dans son salon, au premier, les rideaux et les fenêtres fermés ; il fut là frappé d'une balle au flanc droit. Des morceaux de drap et de rideaux ont été extraits de la plaie, mais non la balle. M. Pecquet, dont on a longtemps désespéré, n'a heureusement pas succombé, malgré son grand âge et la gravité de sa blessure.

On n'avait pas tiré de cette maison, mais on voulait y abriter un soldat blessé et l'on frappait à coups de crosse dans la porte cochère. Le portier avait hésité à ouvrir; lorsqu'il s'y décida, un officier lui dit :

— *Vous avez bien fait; car, une minute de plus, tous ceux qui étaient dans la maison auraient passé un vilain quart d'heure.*

Cela a été répété par toute la famille de M. Pecquet.

On ne tirait pas seulement aux fenêtres, pas seulement sur tout ce qui avait l'apparence d'un groupe, pas seulement sur les passants et les promeneurs, on tirait même dans les boutiques.

Un pharmacien de la rue Lepelletier, n° 9, M. Boyer, était assis devant son comptoir au moment où les lanciers se précipitèrent à l'entrée de la rue, déchargeant leurs carabines à droite et à gauche. Il fut frappé de plusieurs balles et expira près de son comptoir! Le garçon d'un marchand drapier, à côté de la maison Sallandrouze, boulevard Poissonnière, a été tué de même au moment où il fermait sa boutique.

Ce n'est pas tout. Les fantassins, toujours conduits par leurs chefs, pénétrèrent dans les maisons, et y commirent les excès que l'on peut attendre de soldats ivres-fous de vin et de colère.

Le capitaine Larochefoucault, à la tête d'une compagnie d'infanterie, se distingua particulièrement à l'assaut de la maison du Grand-Balcon. M. Dusautoy, le tailleur bonapartiste, n'échappa à la mort que par la fuite, deux de ses ouvriers furent mis en réserve pour être fusillés, et, lorsqu'on entra dans le salon du Cercle, le capitaine annonça aux membres réunis « qu'on allait les fusiller tous ». *Fusiller! fusiller!* les défenseurs de l'ordre n'avaient que ce mot à la bouche.

Le général Lafontaine, membre du cercle, essaye de faire des remontrances à M. Larochefoucault, lui affirmant qu'aucun des assistants n'avait tiré; mais l'officier était plus furieux que ses soldats, et moins qu'eux encore en état de comprendre.

— Eh bien, s'écria le général, espérant trouver ailleurs à qui parler, vous nous fusillerez, descendons.

Arrivé sur le boulevard, il appela à haute voix un colonel qui se trouvait là, se nomma, et lui dit :

— Voilà un capitaine qui veut absolument faire fusiller, moi et trente personnes parfaitement tranquilles; veuillez le mettre aux arrêts et nous délivrer.

Heureusement le général Lafontaine était bien connu, il fut écouté, et sauva ainsi ses collègues du cercle avec les deux ouvriers qui allaient être assassinés s'il avait eu moins de sang-froid et surtout d'autorité.

Le nombre des maisons où l'on fit irruption, avec les dernières violences, comme dans celle du Cercle du Commerce, est considérable. Un Anglais raconte en ces termes (*Times* du 6 décembre) l'envahissement d'un grand hôtel où il se trouvait.

« J'étais, en compagnie de sept ou huit autres personnes, sur le balcon du magasin de musique de M. Brandus, qui occupe le premier étage au-dessus du café Cardinal, au coin du boulevard des Italiens et de la rue de Richelieu; nous regardions les évolutions des troupes, dont le nombre immense, la variété et les mouvements surprenaient tout le monde dans un quartier où l'on prévoit d'ordinaire très-peu de danger en temps de révolution. Deux décharges faites sur les maisons voisines sans que nous ayons pu en deviner la cause, nous donnèrent la conscience du danger que nous courions, et nous nous hâtâmes de nous retirer dans le magasin.

« Mais *le feu ne tarda pas à être dirigé précisément contre notre maison, et le bruit des fenêtres volant en éclats* nous engagea bien vite à monter à l'étage supérieur où nous nous imaginions être hors d'un péril immédiat. Il n'en était rien cependant. Les balles pénétraient jusque dans la chambre à coucher de M. Brandus. La consternation devint aussi générale *que la cause de l'agression était incompréhensible.*

« Mais bientôt, tandis que chacun se mettait le mieux qu'il pouvait hors de la portée des balles, les cris des servantes dans la partie inférieure de la maison nous annoncèrent un nouvel événement, et le bruit de plusieurs centaines de voix criant du dehors : « Ou- « vrez! ouvrez! » nous indiquèrent que la force armée voulait entrer. Personne n'osant descendre pour leur ouvrir, *la porte fut bientôt enfoncée*, et un grand nombre de soldats se précipitèrent dans les escaliers, démolissant, brisant tous les obstacles qui se présentaient. Ils fouillèrent successivement toutes les chambres, jusqu'à ce qu'ils arrivassent enfin au quatrième étage ou M. Brandus et ses amis s'étaient réfugiés pour leur sûreté. Là, on nous déclara qu'un coup de feu avait été tiré de la maison, et que les assaillants venaient pour visiter chaque appartement et interroger toutes les personnes présentes.

« La recherche se trouva n'avoir aucun résultat, mais les soldats persistant à dire qu'un coup de feu était parti de la maison, *tout le monde fut arrêté* et conduit devant le général, qui était sur le boulevard. Heureusement, une des personnes présentes se trouva être M. Sax, le célèbre inventeur des instruments qui portent son nom. M. Sax étant connu du général, sa protestation fut acceptée, et toute la compagnie eut la permission de s'échapper dans le passage de l'Opéra, mais non de rentrer dans la maison.

« Il paraît qu'ensuite le prétendu coup de feu fut attribué à la maison voisine de celle de M. Brandus, et plus tard au café Anglais, qui fut à son tour presque démoli.

« Je laisse aux hommes que cela regarde le soin de décider si, sous un prétexte aussi futile, la maison d'un citoyen paisible peut être détruite, la vie de ceux qui l'occupent mise en péril. Une perquisition pour rechercher des armes aurait certainement pu se faire sans briser à coups de fusil les fenêtres de l'hôtel. Combien les explorateurs durent se trouver méprisables lorsque, après tant de fracas, ils n'eurent découvert dans toute la maison qu'un fusil rouillé, lequel avait servi à M. Brandus en 1848, quand il avait aidé, comme un des officiers les plus zélés et les plus actifs de la garde nationale, à maintenir la paix publique dans la capitale ! »

Un autre correspondant du *Times* ajoute (numéro du 13 décembre) : « Dans la maison au coin de la rue Richelieu, dont l'attaque a été minutieusement décrite par un de vos correspondants, Louis, un vieux et fidèle domestique de M. Brandus, *a été tué* au moment même où ce monsieur et ses amis se précipitèrent dans les escaliers pour se réfugier dans une chambre voisine. Toutes les fenêtres de la pièce où le domestique a été tué étaient brisées, les balles y avaient pénétré dans toutes les directions, ce que l'on peut parfaitement constater par les traces que portent les murailles.

« La soldatesque est aussi entrée dans l'hôtel de Castille.

« Il paraît extrêmement douteux qu'on ait réellement fait feu sur les troupes d'aucune maison du boulevard des Italiens, bien que plusieurs personnes affirment qu'il est possible qu'on ait tiré du cercle Grammont. Mais il est incontestable que les représailles de la troupe ont été exercées sans distinction, et pour cette raison elles sont doublement injustifiables.

« Le général devant qui M. Brandus et sa société ont été conduits était le général Reybell, lequel dit à l'un de ces messieurs :

« — Moi aussi je fais un peu de musique en ce moment.

« Plaisanterie très-convenable, en vérité, en un pareil jour. »

Il est bien évident que l'intention des meneurs, de ceux qui avaient le mot d'ordre, était de provoquer des collisions entre l'armée et la population, afin d'avoir occasion « de *broyer* et d'*épouvanter* ». C'est le système qu'à Vienne et sur les bateaux à vapeur du Danube nous avons entendu préconiser par des officiers autrichiens comme le meilleur moyen de détruire « la race révolutionnaire ». Dans l'aveuglement de leur rage, les héros de l'ordre tiraient aux maisons indistinctement, sans s'inquiéter qu'elles appartinssent ou non à leurs propres partisans. La maison de M. Billecoq, marchand de châles, boulevard Poissonnière, a été si maltraitée par le canon que, le 5, on dut y mettre de grands étais pour l'empêcher de s'écrouler. M. Billecoq a protesté, dans une lettre adressée au *Journal des Débats*, qu'aucun coup de feu n'était parti de ses fenêtres ; et l'on peut l'en croire, car c'est un *bon citoyen ;* il ne se plaint nullement des dégâts causés à sa propriété.

Pour ce qui s'est passé boulevard Poissonnière, un capitaine de l'armée anglaise l'a en partie raconté dans le *Times* du 13 décembre. Comme nous recherchons avant tout les déclarations des témoins oculaires, nous citons volontiers la lettre de M. le capitaine William Jesse. Il habitait, boulevard Montmartre, au coin de la rue Montmartre, un hôtel d'où la vue s'étend depuis la rue Richelieu jusqu'à l'extrémité du boulevard Bonne-Nouvelle. Il *a vu* beaucoup :

« A deux heures et demie le 4 décembre, on entendait distinctement le canon dans la direction du faubourg Saint-Denis ; à trois heures, je me plaçai sur le balcon de mon appartement avec ma femme pour voir les troupes. Les boulevards, aussi loin que l'œil pouvait atteindre, en étaient couverts, artillerie, infanterie et cavalerie. Les officiers fumaient leurs cigares. Les fenêtres étaient garnies de spectateurs : femmes, enfants, servantes, locataires des appartements, et aussi des commerçants, qui tous avaient fermé leurs boutiques.

« Tout à coup, et tandis que je regardais attentivement avec ma longue-vue les troupes les plus éloignées vers l'extrémité du boulevard Bonne-Nouvelle, quelques coups de fusil furent tirés à la tête de la colonne, qui se composait d'environ 3,000 hommes. En peu de moments le feu se propagea, et, après avoir été suspendu un instant, descendit le boulevard comme un rideau de flamme ondulant. Cependant il était si régulier que je le pris d'abord pour un *feu de joie* en réjouissance de la prise de quelque barricade, ou bien destiné à indiquer la position des troupes à quelque autre division.

Ce ne fut que lorsqu'il arriva à une cinquantaine de mètres de moi, que je reconnus le son tranché des cartouches à balles; mais alors même je pouvais à peine en croire le témoignage de mes oreilles, car quant à celui de mes yeux il m'était impossible de découvrir aucun ennemi sur lequel on pût faire feu.

« Je continuai de regarder les soldats jusqu'à ce que la compagnie placée audessous de moi apprêtât les armes et qu'un coquin plus vif que les autres, — un tout jeune homme sans favoris ni moustaches, — *m'eût ajusté*. En un instant, je poussai ma femme, qui venait de se retirer contre le massif, entre les deux fenêtres, et une balle, qui frappa le plafond au-dessus de nos têtes, nous couvrit de poussière et de morceaux d plâtre.

« Une seconde après, je fis coucher ma femme sur le parquet, et *une autre décharge frappa toute la façade de la mai-*

son, le balcon et les fenêtres ; une balle brisa la glace sur la cheminée, une autre le globe de la pendule ; tous les carreaux de vitre, à l'exception d'un seul, furent mis en pièces, le rideaux et le châssis des fenêtres coupés. Le balcon de fer, quoique un peu bas, fut une grande protection ; cependant *cinq balles* entrèrent dans la chambre. Tandis qu'on rechargeait les armes, j'entraînai ma femme, et me réfugiai avec elle dans les chambres de derrière de la maison. Le retentissement de la fusillade ne cessa pas pendant plus d'un quart d'heure ! Quelques minutes après *les canons furent démasqués et pointés contre le magasin de M. Sallandrouze,* cinq maisons plus bas à notre droite.

« L'objet ou la justification de tout cela était parfaitement une énigme pour tous ceux, Français comme étrangers, qui étaient dans la maison. Quelques-uns s'imaginaient que les troupes avaient tourné et se joignaient aux rouges; d'autres disaient qu'il fallait qu'on eût tiré sur elles de quelque part, quoique cela ne pût être venu d'aucune maison du boulevard Montmartre, car nous l'eussions certainement vu du balcon.

« En outre, dans les dispositions où se trouvaient les soldats, si cela eût été vrai, ils n'auraient certainement pas attendu le signal de la tête de colonne placée à plus de 800 mètres de distance.

« Il faut que cette fusillade de gaieté de cœur ait été le résultat d'une panique, et que les soldats aient voulu effrayer par un premier feu dans la crainte que les fenêtres ne fussent garnies d'ennemis cachés, ou qu'elle ait été le résultat d'une impulsion sanguinaire, — double hypothèse également déshonorante pour eux : comme soldats dans le premier cas, comme citoyens dans le second. A titre de militaire, c'est avec le plus profond regret que je me sens forcé d'admettre la dernière opinion.

« La troupe, comme je l'ai déjà dit, a fait décharges sur décharges pendant plus d'un quart d'heure, *sans qu'on lui ait aucunement riposté*. Ils ont tué beaucoup de malheureux qui étaient restés sur les boulevards parce qu'on ne voulait les recevoir dans aucune maison. Quelques personnes ont été *tuées sur le seuil de leur porte*. Le sang de ces victimes remplissait encore les trous creusés autour des arbres, le lendemain vers midi, quand j'y ai passé. Les boulevards et les rues adjacentes étaient sur quelques points un véritable abattoir. Ce tableau restera gravé par la baïonnette dans le cœur des habitants de ce quartier de Paris, qui, pour l'avenir, ne peut que redouter la protection des propres soldats de la France.

« Les soldats sont entrés dans des maisons *d'où jamais aucun coup de feu n'a été tiré*, et quoique la *Patrie*, journal de l'Élysée, ait eu la prétention d'indiquer ces maisons par leurs noms, elle a été obligée, dans son numéro suivant, de démentir ses imputations scandaleuses. Mais admettons que quelques coups de feu aient été tirés de deux ou trois maisons sur les boulevards; admettons même que quelques soldats français aient été tués, était-ce une raison pour justifier cette attaque meurtrière contre les maisons et les personnes de leurs concitoyens sur une étendue de près d'un mille anglais, au lieu de passage le plus populeux et le plus fréquenté?...

« *Signé :* WILLIAM JESSE,

« Ingatestone Cottage.

« Essex. »

Dira-t-on que M. William Jesse est un étranger, un ennemi qui fausse la vérité pour calomnier l'armée française? Nous répondrons que les propres aveux des assassins confirment pleinement le récit du capitaine anglais.

La *Patrie*, forcée, du reste, de se démentir plus tard, allègue qu'il y a eu provocation, que l'on a tiré des fenêtres sur la troupe, mais elle ne nie pas les sanglantes répressions. Que l'Europe civilisée écoute le récit de la feuille élyséenne :

« *Un feu de tirailleurs*, APPUYÉ D'UN OBUSIER a été instantanément dirigé *contre les maisons* d'où était parti le feu. *Les fenêtres, les façades ont été en partie détruites*. Puis *des détachements sont entrés dans l'intérieur* ET ONT PASSÉ PAR LES ARMES TOUS LES INDIVIDUS QUI S'Y TROUVAIENT CACHÉS. SIX INDIVIDUS en blouses, qu'on a découverts derrière des tapis qu'ils avaient amoncelés pour éviter les balles de la troupe et tirer sur elle sans danger, ONT ÉTÉ FUSILLÉS SUR L'ESCALIER de l'hôtel

Lannes, aujourd'hui dépôt de tapis de la fabrique Sallandrouze.

« Plusieurs scènes de même nature se sont passées aux environs du théâtre des Variétés, *et la troupe* A FAIT JUSTICE *de ses assassins.* »

« *La troupe a fait justice de ses assassins.* » Pouvait-on dire, avec une plus odieuse cruauté, que la troupe avait assassiné indistinctement tout ce qui lui tomba sous la main ?

« Dans quel pays civilisé des soldats *font-ils justice* des prisonniers qu'ils prennent ? Mais on avait résolu « *d'épouvanter* ».

Les mitraillades de Paris ont soulevé l'indignation de tous ceux qui en ont été témoins, à quelque parti et à quelque nation qu'ils appartinssent. Les journaux catholiques de la Belgique eux-mêmes ont exprimé l'horreur dont leurs correspondants avaient été saisis en face des torrents de sang répandus. Les étrangers, les personnes les plus désintéressées ont été tous d'accord sur ce triste sujet, et c'est à dessein que nous empruntons leurs récits. Nous voulons que l'on ne puisse pas croire que nos passions de proscrit nous portent à rien exagérer.

Voici, entre autres, ce que disait l'*Émancipation* du 7 décembre, l'*Émancipation* qui est en Belgique ce que l'*Univers* est en France:

« Nous avons l'état de siége avec d'incroyables rigueurs, nous avons plus que l'état de siége, nous avons la plus brutale et la plus avilissante compression.

« Si la France ressentait, comme elle le doit, son outrage, les pavés s'élèveraient d'eux-mêmes en barricades, le Spartacus de marbre des Tuileries prendrait un fusil.

« Je ne sais par où commencer les épisodes de la lutte, et je ne vois aucun moyen de vous les présenter d'une manière croyable, tant il me semble que tout cela doit paraître impossible à croire à tout cœur honnête.

« Et ne supposez pas qu'il s'agisse du peuple, des combattants ordinaires de toutes les révolutions.

« C'est la bourgeoisie, la société riche et polie qui résiste et qui combat pour la liberté constitutionnelle.

« Il n'y a plus de partis.

« Le soldat frappe sans pitié. Il détruit les maisons et en tue les habitants.

« Le boulevard Bonne-Nouvelle, du côté des maisons Raguenault et Odier, la maison Sallandrouze, sont à demi démolies par les boulets. Les soldats, en rentrant, se vantaient de cet exploit.

« *J'ai compté vingt-sept* cadavres dans la cour de la maison Odier. Et c'étaient des cadavres couverts d'habits luxueux, c'étaient *des femmes, des vieillards et des enfants.* »

L'échafaud, que les faussaires de l'ordre nous accusent sans cesse de vouloir établir, bien que le monde entier sache que nous l'avons aboli, aurait à fonctionner de longs jours pour couper autant de têtes que les conjurés de Décembre ont percé de poitrines d'hommes, de femmes et d'enfants inoffensifs, en dehors de toute lutte et de tout combat.

Le lendemain, 5 décembre, au matin, le théâtre du carnage était encore affreux à contempler.

Les morts avaient été enlevés ; mais les traces sanglantes se voyaient partout, les trottoirs et les murs étaient souillés de débris de cervelles humaines; une sorte de cascade de sang avait ruisselé par les escaliers et sous la porte de la maison Sallandrouze, et s'y trouvait coagulée.

On avait répandu le sang à telle profusion que les ruisseaux en étaient encore rougis dans la rue Montmartre, jusqu'à la hauteur du passage des Variétés.

Notre honorable collègue M. Pierre Lefranc a vu cela de ses yeux.

Les fenêtres et les vitres étaient brisées, les maisons déchirées, ébréchées par les balles et les boulets.

Les factieux sentirent la nécessité de faire disparaître les marques de leurs fureurs ; ils firent réparer les façades dans la huitaine, et, après avoir institué une commission pour apprécier les dommages matériels, ils ouvrirent un crédit de 200,000 francs, afin de pourvoir au plus pressé.

Les généraux de la bande des « cinq ou six mille coquins » n'ont aucun sentiment français, ce sont des condottieri que Paris a vus fondre sur ses places publiques. Vainqueurs à force de trahisons et de massacres, ils ont célébré leurs triomphes, comme fait l'ennemi dans une ville prise d'assaut, par un défilé solennel de quelques-unes des troupes victorieuses. Rien n'a manqué à cet odieux caractère de conquête étrangère.

Le 5 décembre, vers midi, deux régiments de carabiniers en grande tenue et précédés de leurs corps de musique qui jouaient des fanfares, sont partis de la Bastille et ont parcouru au pas toute la ligne des boulevards, jusqu'à la Madeleine. Pour ajouter à l'effet de la mise en scène, ils étaient suivis de quatre brancards sur lesquels on voyait étendus des blessés de l'armée !

III

Il est hors de contestе que l'on a fait, surtout pendant la journée du 4, d'énormes distributions d'eau-de-vie aux soldats, pour étouffer leur sensibilité dans l'ivresse et les entraîner à tous les crimes.

D'un bout de Paris à l'autre, la population, honteuse, désolée, épouvantée, les a vus privés de leur raison. Aux boulevards, il y eut un moment où ils allèrent plus loin même que ne le voulaient les conjurés. Le cerveau troublé par les vapeurs alcooliques et par la fumée non moins enivrante de la poudre, ils tiraient à tort et à travers, sans commandement, n'écoutant plus la voix des officiers. C'est encore ce qu'a constaté l'auteur apologétique de la *Révolution militaire du 2 Décembre*.

« ... Les soldats du général Cotte, *électrisés* par la fusillade qui les entoure, ouvrent aussi le feu, mais *à l'aventure*, et le continuent pendant huit ou dix minutes, *malgré les efforts du général et de ses aides de camp* pour arrêter une consommation aussi inutile de munitions, et qui ne pouvait faire *que des victimes innocentes*; car, certes, *aucun combattant* ne dut être tenté de se montrer aux fenêtres pendant cet effroyable ouragan. » (Mauduit, p. 218.)

Comment ne pas admirer l'économie de ces officiers préoccupés, en première ligne, de la « consommation inutile de poudre! » Les bonnes femmes de ménage que feraient le général Cotte et ses aides de camp ! Ils auraient bien dû donner des leçons de ce genre au commandant Larochette, qui brûla 20,000 cartouches dans les circonstances qu'on va lire :

« La gauche de la colonne du général Marulaz touchait encore au pont d'Arcole, lorsque partirent *des croisées* du quai Pelletier *plusieurs coups* maladroits contre le 44e et la ligne de tirailleurs que le commandant Larochette avait placés en avant de l'Hôtel de ville, pour en protéger les abords.

« Toute la place ainsi que les quais Pelletier et de Gèvres jusqu'au Châtelet, *furent à l'instant en feu*, et de l'extrémité du pont Louis-Philippe, je crus pendant près d'un quart d'heure, je crus, en vérité, assister à un combat des plus sérieux. *Plus de vingt mille cartouches furent brûlées*, des milliers de carreaux brisés, mais seulement quelques hommes tués ou blessés dans les deux camps ; les socialistes n'ayant exécuté *leur attaque* qu'avec des forces disséminées dans les maisons, et trop insuffisantes pour tenter un hourra sur l'Hôtel de ville. » (Mauduit, page 242.)

La nuit du 4 au 5 fut, sur plusieurs points, une véritable orgie : le citoyen Domengé, ex-membre de l'Université, vit de ses yeux les lanciers boire et s'enivrer sur les boulevards à côté de mares de sang et de débris humains qu'on n'avait pas encore enlevés ! Rentré chez lui, place du Panthéon, il entendit toute la nuit les chants bachiques des tirailleurs de Vincennes stationnés là. Le lendemain au matin, un de leurs officiers, ivre-mort, brandissait son sabre demandant des socialistes à exterminer. Un fourrier qui veillait sur lui pouvait à peine le contenir.

C'est ainsi que l'on est parvenu à obtenir tant de cruautés de certains soldats. Comment, s'ils avaient conservé la possession d'eux-mêmes, aurait-on osé envoyer de l'état-major de M. Saint-Arnaud ou de M. Magnan, l'ordre pour la nuit du 4 de faire feu sur toute personne qui ne répondrait pas au cri de « qui vive » par celui de *soldat !*

Si atroce que soit cette consigne, on ne peut refuser d'y croire quand on a lu les ordres du jour signés Saint-Arnaud et Maupas. Elle ne fut pas générale, mais elle a certainement été donnée sur les points où l'on craignait quelque attaque. Un témoin bien renseigné nous le certifie en ces termes : « Vous pouvez citer notamment le quartier du faubourg du Temple et de l'Entrepôt occupé par le 58e de ligne. Une pauvre femme, attardée dans la rue de la Douane, y reçut plusieurs coups de feu qui heureusement ne l'atteignirent pas, pendant qu'elle essayait en vain de se faire ouvrir les portes. Elle ne fut sauvée que par la pitié d'un soldat qui la fit entrer au poste de la douane, où elle passa la nuit. — Un garçon boucher qui conduisait sa voiture le long du canal, ne pouvant répondre au qui-vive des homicides sentinelles dont le séparait toute la largeur de l'eau, vit sa voiture criblée de balles. Il eut la présence d'esprit de se coucher à plat ventre, et échappa à la mort ; mais son cheval fut tué. »

On ne peut imaginer à quel point les libations, les sentiments de haine provoqués, entretenus par certains officiers contre le civil, les excitations de tout genre avaient exaspéré quelques corps militaires.

Des soldats furieux poursuivent des citoyens désarmés. Sept de ceux-ci, après avoir vainement ébranlé une porte cochère en face de la rue Neuve-Vivienne, pour y trouver refuge, se couchent au pied de cette porte, en quelque sorte les uns sur les autres, espérant éviter la mort. La troupe leur envoie une décharge presque à bout portant, et cinq sur sept, percés de balles, ne se relèvent pas ! « Vous pouvez affirmer le fait, nous mande un *témoin* de cette tuerie, *j'ai recueilli l'un des survivants* dont le frère venait d'être tué sous lui ! »

A côté de la maison Sallandrouze, boulevard Montmartre, est une boutique de libraire dans laquelle se sauve un homme que l'on poursuivait. Un capitaine de chasseurs de Vincennes s'y précipite avec son monde, et n'y trouvant point celui qu'il cherche, se jette à coups de sabre sur le malheureux libraire. Au bruit de la lutte engagée, la femme et les deux filles du libraire sortent d'une arrière-salle où elles étaient, et tâchent de défendre leur mari, leur père, contre la rage du capitaine ; mais les soldats se joignent à leur officier, et *le père, la mère, les deux filles sont massacrés à coups de baïonnettes*... Le fait n'est encore que trop vrai, il a été rapporté par un témoin oculaire qui l'affirme de la manière la plus précise, la plus positive, après avoir été plusieurs fois interpellé sur la parfaite exactitude de ses souvenirs.

Cette horrible scène est indépendante d'une autre, moins atroce peut-être, mais tout aussi sanglante, qui eut lieu chez un autre libraire, boulevard Poissonnière, à côté du magasin de nouveautés du *Prophète*. Ici nous avons pour garant le récit même du *Moniteur* du 9 décembre :

« Un libraire, M. Lefilleul, établi depuis plusieurs années sur le boulevard Poissonnière, était occupé à fermer son magasin peu avant le drame du 4 décembre, quand un coup de pistolet tiré par un commis du voisinage sur un clairon de la ligne vint dissiper la foule qui se pressait à ses côtés, et laissa passage libre à *l'insurgé* pour entrer dans la boutique. Celui-ci était suivi de près par le clairon, qui parvint *à l'étendre mort* derrière un comptoir, mais *qui tomba lui-même sur le cadavre.*

« D'autres soldats, venus au secours du clairon, *blessent* au bas-ventre le malheureux libraire, qui n'a rien vu et qu'on prend pour un adversaire. Une lutte terrible s'engage entre M. Lefilleul et un capitaine. Le premier est *deux fois encore blessé* à la cuisse et au bras, mais *le second tombe mort sous les coups des soldats qui cherchent à le défendre.* M. Lefilleul qui, malgré ses blessures, conserve encore ses forces et son sang-froid, profite de ce terrible moment pour se dégager, et sort du magasin en y laissant TROIS CADAVRES. On espère sauver la vie à M. Lefilleul, *honnête* commerçant, *tout à fait étranger aux passions politiques.* »

Les assassins, dans leur rage, s'entre-tuaient eux-mêmes.

Quelques-uns étaient saisis d'une sorte de frénésie. Un vieillard, père d'un des banquiers les plus célèbres de Paris, infirme, et marchant avec difficulté, traversait le boulevard des Italiens pour rentrer chez lui, rue Laffitte, quand il tomba frappé d'une balle. Revenu du premier choc de sa blessure, il essayait de se relever, lorsqu'il aperçut des soldats qui tiraient encore à bout portant sur d'autres blessés couchés comme lui à terre ! Il jugea prudent de ne pas donner signe de vie, et resta immobile jusqu'à ce que la troupe se fût retirée. De telles cruautés sont inexplicables sans doute ; mais nous sommes obligés d'y croire, car nous en tenons le récit de source certaine, et elles nous ont été confirmées par un médecin, second témoin, parfaitement honorable, qui a vu les vêtements de plusieurs de ces malheureux prendre feu sous les décharges à bout portant !

Quand on ouvre carrière aux mauvaises passions, elles sortent toutes à la fois des abîmes du cœur humain. Il faut bien le dire, au milieu de ces journées sinistres quelques soldats ont souillé l'uniforme par des actes qui répugnent peut-être plus encore à l'honneur national que tout ce que nous venons de raconter.

Un négociant accompagné de son garçon de caisse venait de toucher 5,000 francs en or, que le garçon portait. Arrivés au boulevard, une des décharges dirigées contre les passants frappe le garçon de caisse, qui tombe. Le négociant se sauve, puis, quand le feu a cessé, il revient et cherche son pauvre serviteur, qu'il trouve sans vie. Le chagrin ne l'empêche pas de songer aux 5,000 francs : il ouvre l'habit du mort pour les prendre... L'or avait déjà été enlevé. Le négociant alla faire sa déclaration le même jour à la police : on lui répondit qu'il mentait ! Il insista ; on ajouta alors que, s'il disait un mot de plus on l'arrêterait sur-le-champ, et que, *s'il bavardait*, il aurait à s'en repentir. Cette menace est cause que nous n'avons pu obtenir le nom du négociant ; celui de ses amis, par l'entremise duquel la triste aventure est venue à notre connaissance, craint de le perdre en le nommant.

Ceux-là mêmes qui défendent l'armée de Paris confessent qu'elle *a été trop loin*, c'est leur expression. « Sans doute, dit une des correspondances bonapartistes, de l'*Indépendance belge* (numéro du 23 décembre), sans doute les soldats se sont, sur certains points, laissé *entraîner trop loin* par l'ardeur de la lutte; plus d'une victime innocente a succombé, mais, etc, »

Ah! oui, des soldats ont commis des actes bien coupables, et c'est l'âme navrée de douleur que nous en parlons.

Mais, on le sait, les hommes réunis, et surtout les corps armés, obéissent à l'impulsion qui leur est donnée; aussi, accusons-nous surtout les monstres qui avaient enivré, trompé, aveuglé la troupe; les chefs qui lui commandaient le meurtre, qui « *l'entraînaient trop loin* » par des ordres et des exemples atroces.

La France aura peine à pardonner à certains officiers bonapartistes le rôle hideux qu'ils ont joué. Une dame de grand courage, qui, nous sachant occupé de l'histoire du 2 Décembre, a daigné nous envoyer quelques notes, nous écrivait :

« Je vous ai déjà raconté, monsieur, avoir moi-même entendu dire par un officier, d'un ton de plaisanterie, qu'il faisait « des coups admirables entre les « deux yeux » au moyen d'une arme précieuse qu'il possédait.

« Il se vantait d'avoir pris des gens, et de les avoir mené fusiller au coin de la rue ; ne pouvant s'empêcher d'ajouter :

« — C'est qu'ils mouraient avec courage, ces coquins-là ; ils ne bronchaient pas !

« Un autre officier racontait à une dame de mes amies, que les soldats s'amusaient à tirer *à la femme*, comme qui dirait à la cible, et visaient toutes les femmes qu'ils apercevaient aux fenêtres.

« Une autre dame, en qui j'ai toute confiance, m'a dit avoir traversé les boulevards, près d'un groupe de soldats qui dispersaient et chassaient les passants les plus inoffensifs, sans cependant chercher à blesser les femmes, quand un officier des spahis, qui se trouvait là, passant comme les autres leur cria :

« — Vous n'y entendez rien ; ce n'est pas ça ; tirez aux femmes ! tirez aux femmes !

« Et alors, effectivement, ils commencèrent à *tirer aux femmes*. Une dame, très-bien habillée et fort effrayée, qui allait de toute sa vitesse, reçut à ce moment un coup de baïonnette dans le côté, duquel elle tomba pour morte.

« Un autre officier a dit à quelqu'un que je connais :

« — Nous avions une revanche à prendre de Février, nous l'avons prise, et tout ce que nous regrettons, c'est que cela n'ait pas duré davantage !

« C'est le sentiment qu'expriment ouvertement tous les officiers supérieurs. Au coin de la Chaussée-d'Antin, un jeune homme, de qui je tiens le fait se trouvait dans un groupe de gens parfaitement tranquilles qui se demandaient les uns aux autres des nouvelles. Des lanciers vinrent pour les chasser, sans cependant y mettre d'hostilité, quand leur officier leur cria :

« — *Lardez-les! lardez-les!*

« De tout cela, vous voyez qu'il y avait plus d'animosité chez les officiers que chez les soldats pendant cette mémorable campagne des boulevards. »

Il est trop malheureusement vrai que les officiers supérieurs surtout ont montré, dans les funestes journées de Décembre, une cruauté sauvage. Que le lecteur en reste convaincu, nos récits ne vont pas au delà de la plus stricte vérité. Nous nous regarderions comme le plus criminel des hommes si nous forgions un de ces assassinats pour en charger nos ennemis. Nous savons qu'ils attireront sur leurs auteurs la haine du monde civilisé ; nous ne pouvons non plus nous le dissimuler, ils sont un déshonneur pour le pays ; notre âme souffre à les raconter, nous les cacherions même s'ils ne servaient à montrer la scélératesse des conquérants qui écrasent la France, et particulièrement à justifier le parti républicain des infâmes accusations que toutes les factions royalistes dirigent encore à cette heure contre lui.

Hélas ! on ne saurait rien inventer de plus affreux que la réalité. Un témoin nous avait dit avoir vu le colonel des lanciers à collet jaune s'élancer sur le trottoir du boulevard des Italiens et frapper même des femmes ! Comme cette personne, demeurant encore à Paris, ne pouvait nous donner son nom, de crainte d'être transportée, nous hésitions à citer le fait, tant il paraissait impossible que l'on y pût croire sans la garantie d'un témoin oculaire. Eh bien, un historiographe de l'armée, M. Mauduit, qui confesse le caractère essentiellement militaire de la conspiration, cite ce même fait comme un titre de gloire pour l'un de ses héros, et il nous apprend que le misérable qui frappait des femmes à coups de sabre s'appelle le colonel de Rochefort :

« A la hauteur de la rue Taitbout, il (M. Rochefort) aperçut un rassemblement considérable tant à l'entrée de la rue que sur l'asphalte près Tortoni; ces hommes étaient *tous bien vêtus*. Plusieurs étaient armés (1). A sa vue retentit le *cri de guerre* adopté depuis

(1) M. Mauduit, en disant que ces hommes *bien vêtus* étaient *armés*, cherche certainement à pal-

deux jours : « *Vive la République! vive* « *la Constitution! à bas le Dictateur!* » *A ce dernier cri,* aussi rapide que l'éclair, d'un seul bond, le colonel de Rochefort franchit les chaises et l'asphalte, tombe au milieu du groupe et fait aussitôt le vide autour de lui. Ses lanciers se précipitent à sa suite ; un de ses adjudants abat, à coups de sabre, deux individus... En un clin d'œil, le rassemblement fut dispersé. *Tous s'enfuirent précipitamment en laissant bon nombre d'eux sur la place.* Le colonel continua sa marche en dispersant tout ce qu'il rencontrait devant lui, et *une trentaine* de cadavres restèrent sur le carreau, *presque tous couverts d'habits fins.* » (*Révolution militaire du 2 Décembre.*)

Lisez Tite-Live; vous ne trouverez

lier la lâcheté de l'acte qu'il encense. Il est évident que personne n'eût été assez fou pour paraître armé sur les boulevards en face de 50,000 hommes.

pas une page aussi odieuse dans la prise de Rome par les barbares. Les soldats gaulois insultaient les sénateurs romains, mais leurs chefs n'assassinaient point les habitants qui regardaient passer leurs phalanges!

Ce Rochefort est un vrai Trestaillon bonapartiste. Voici un autre de ses exploits où l'on retrouve tous les caractères de la plus sanglante provocation. C'est encore son panégyriste, le capitaine Mauduit, qui nous le raconte :

« Le 3 décembre, vers dix heures et demie du soir, le colonel de Rochefort, du 1er de lanciers, reçut l'ordre de partir avec deux escadrons seulement pour maintenir la circulation sur les boulevards, depuis la rue de la Paix jusqu'au boulevard du Temple ; cette mission était d'autant plus difficile et délicate, qu'il lui avait été interdit de repousser par la force d'autres cris que ceux de

« Vive la République démocratique et sociale. »

« Le colonel, *pressentant ce qui allait arriver*, avait prévenu tout son détachement de n'avoir point à s'étonner de la foule qu'il aurait à traverser, et des cris poussés par elle; il prescrivit à ses lanciers de rester calmes, impassibles, jusqu'au moment où il ordonnerait la charge, et, une fois l'affaire engagée, *de ne faire grâce à qui que ce fût*.

« A peine parvenu sur le boulevard, à la hauteur de la rue de la Paix, il se trouva en présence d'un flot de population immense, *manifestant l'hostilité la plus marquée sous le masque du cri* de: « Vive la République !!! » Ces cris convenus étaient accompagnés de gestes menaçants.

« *L'œil attentif et l'oreille tendue*, pour ordonner la charge au premier cri *séditieux*, le colonel continua à marcher ainsi au pas, poursuivi de hurlements affreux, jusqu'au boulevard du Temple.

« Le colonel ayant reçu l'ordre de charger tous les groupes qu'il rencontrerait sur la chaussée, IL SE SERVIT D'UNE RUSE DE GUERRE, dont le résultat fut de châtier un certain nombre de ces *vociférateurs en paletot.*

« *Il masqua ses escadrons*, pendant quelques instants, dans un pli de terrain près du Château-d'Eau, pour leur donner le change et leur laisser croire qu'il était occupé du côté de la Bastille; mais faisant brusquement demi-tour sans être aperçu, et prescrivant aux trompettes et à l'avant-garde de rentrer dans les rangs, il se remit en marche au pas, jusqu'au moment où il se trouva à l'endroit le plus épais de cette foule *compacte et incalculable,* avec l'intention de PIQUER tout ce qui s'opposerait à son passage.

« Les plus audacieux, enhardis peut-être par *la démonstration pacifique* de ces deux escadrons, se placèrent en avant du colonel, et firent entendre les cris *insultants* de : « Vive l'Assemblée nationale ! A bas les traîtres ! » Reconnaissant à ce cri *une provocation,* le colonel de Rochefort s'élance, comme un lion furieux, au milieu du groupe d'où elle était partie, en frappant d'estoc, de taille et de lance. Il resta sur le carreau PLUSIEURS CADAVRES.

« Dans ces groupes ne se trouvaient que *peu d'individus en blouse.*

« Les lanciers subirent cette *rude épreuve morale* avec un calme admirable, etc.

« De retour à la place Vendôme, et sa *mission accomplie,* le colonel de Rochefort s'empressa d'en rendre compte au général de division Carrelet. » (Mauduit, pages 176, 177 et 178.)

Les journaux du crime racontent avec des éclats affreux l'assassinat de trois gendarmes à Bédarrieux. Ce qu'ils disent est-il vrai ? On a droit d'en douter, car eux seuls ont la faculté de parler, et la vérité ne peut se faire jour en présence d'un conseil de guerre dont le président (colonel Dumont) intimide les témoins à décharge. Comment oser contredire ces juges forcenés qui insultent les accusés, et qui prononcent dix-sept condamnations à mort d'un seul coup ? Si le compte rendu de leurs séances n'est pas un amas de mensonges comme toutes leurs inventions de Jacquerie, il faut avouer, hélas ! que là, sur un point isolé, à Bédarrieux, quelques artisans méridionaux ont commis des atrocités que nous ne saurions flétrir trop énergiquement. (Il n'y a de comparables à ces crimes abominables que ceux des Chouans et des Verdets.)

Et cependant, leur conduite semble moins hideuse que celle du colonel de Rochefort et de ses aides ! Certes, si ce que l'on dit est vrai, il faudrait maudire ces hommes besoigneux et incultes qui, pour se venger des procès-verbaux dont les accablaient des gendarmes, ont ignoblement mutilé leurs cadavres après les avoir tués. Mais combien n'est pas plus infâme ce colonel, cet homme éclairé, occupant un des premiers grades de l'armée, à la tête de deux puissants escadrons, qui cherche le sang à répandre comme un tigre affamé ; qui emploie *une ruse de guerre* pour préparer un grand assassinat, qui masque ses chevaux et ses lances pour tendre un piége à des citoyens inoffensifs, et qui, tout à coup, après avoir prescrit à ses satellites *de ne faire grâce à personne,* fond sur des hommes sans armes, sans défense, parce qu'ils crient : *Vive l'Assemblée na-*

tionale ! A bas les traîtres ! et laisse sur la place *les cadavres* de ceux que trompe sa fourberie sanguinaire !

Quelle modération attendre de soldats conduits par ces tueurs !

M. Mayer nous apprend aussi lui-même, avec une naïveté vraiment effrayante, à quoi ces officiers, indignes de porter l'uniforme français, instruisent leurs hommes dans les loisirs de la caserne :

« Il faut le dire, l'armée n'était pas seulement convaincue, mais fanatisée. Le *brave et spirituel* colonel du 7e de lanciers, M. Feray, racontait une anecdote *qui a la valeur d'un événement*. Il se trouvait avec un escadron de son régiment dans les environs de Chaillot. On lui amène un des plus notoires démagogues de cette commune, pris les armes à la main et les poches pleines de balles. Le colonel, voulant essayer jusqu'où allait l'obéissance chez ses soldats, appelle ses deux plantons d'ordonnance, et leur dit, en secouant la cendre de son cigare :

« — *Vous allez me brûler la cervelle à ce brigand-là. Faites-le mettre à genoux, et au commandement de : Feu! cassez-lui la tête.*

« Les deux lanciers arment *froidement* leurs pistolets, prennent à la cravate l'homme, qui se tordait et criait grâce! lui appliquent leur arme sur chaque tempe, et attendent, *avec le plus grand calme,* le commandement du colonel.

« — Emmenez-le, dit M. Feray, il est trop lâche *pour être fusillé par de braves gens comme vous.*

« Et il le fit conduire à la Préfecture de police.

« — *Quels hommes*! disait-on à M. Feray, quand il raconta cet incident.

« — Tout mon régiment eût fait de même, répondait le gendre du maréchal Bugeaud. » (*Histoire du 2 Décembre*.)

D'autres de ces sauvages officiers du 2 décembre ont imprimé à leurs actes un cachet de barbarie raffinée dont ils semblent emprunter la tradition au moyen âge, à cette époque où l'on avait inventé de joindre les tortures morales aux supplices physiques de l'antiquité. Partout on les voit se complaire aux terreurs qu'ils infligent à leurs victimes, alors même qu'il n'entre pas dans leurs fantaisies de les mettre à mort.

A côté du *brave et spirituel* colonel Feray, comme l'appelle M. Mayer, voici un autre brave et spirituel capitaine qui imagine d'enfermer la nuit un enfant seul avec trois cadavres ! Personne ne mettra en doute le trait qu'on va lire, car nous l'empruntons à

M. Mauduit, qui a certainement recueilli de la bouche même des héros le récit des actes auxquels ils attachent le plus de prix.

Une compagnie de voltigeurs du 51e gardait une position rue Meslay, où il y avait eu une barricade. Ils trouvaient bon de brûler, pour se chauffer, un omnibus qui avait servi à cette barricade. Ils avaient déjà jeté au feu le timon et les roues, qu'il n'était encore qu'une heure du matin ; ils s'apprêtaient à mettre la caisse en morceaux, lorsqu'il en sortit un *gamin* qui s'y était blotti au moment de la prise de la barricade.

« — En voilà encore un ! s'écrièrent les voltigeurs. *Il faut le fusiller ;* car certainement il a tiré sur nos frères.

« — On le fouille, et, sous sa blouse, l'on découvre un pistolet et un poignard. Les voltigeurs le conduisent au capitaine pour prendre ses ordres, et voici le châtiment qui lui fut infligé :

« Près de là, l'on avait déposé, dans une maison, le cadavre d'un clairon de chasseurs à pied, tué à l'attaque des barricades des Arts-et-Métiers. Près de ce clairon se trouvaient également les cadavres de deux hommes du peuple.

« — Tu vas *demander pardon* à ce clairon, et *à genoux*, lui dit le capitaine.

« — Ce n'est pas moi qui l'ai tué, répondit le gamin en pleurant.

« — Qui m'en répond? Et d'ailleurs *tu en as peut-être tué d'autres*. Ainsi demande-lui pardon, ou sinon !...

« Et le gamin se met à genoux, et demande grâce à ce malheureux soldat.

« — Ce n'est pas tout. Tu vas maintenant passer le reste de la nuit avec tes camarades et leur victime, et, plus tard, on verra ce que l'on devra faire d'un petit polisson de ton espèce.

« Et la porte est fermée sur lui. Mais, *soit par remords*, soit par terreur de se trouver ainsi seul dans l'obscurité, et côte à côte avec trois cadavres, le gamin frappa bientôt violemment à la porte, en conjurant de l'arracher *au supplice moral* qui lui était infligé.

« Le capitaine, croyant la leçon assez forte, le fit sortir, et le renvoya à ses parents. » (Mauduit, page 250.)

Ce ne sont pas les républicains qui forgent ces monstrueuses histoires pour les attribuer aux sauveurs de la société, ce sont les sauveurs eux-mêmes qui s'en vantent, et ils trouvent dans leur parti des écrivains pour les en complimenter!

Comprend-on, après ce qu'on vient de lire, les orléanistes qui ont le courage de féliciter « *le prince Napoléon* » d'avoir fait en décembre « la chasse AUX

BRIGANDS (1). » Votre haine contre les républicains vous aveugle étrangement, messieurs les sujets de Louis-Philippe, et vos méprisables insultes s'égarent. Ne l'avez-vous donc pas lu : « Une trentaine de cadavres restèrent sur le carreau, presque tous *couverts d'habits fins ?* » N'est-ce donc pas aussi « la chasse aux bourgeois » qu'on faisait le 2 décembre ?

Et ce sera, nous en formons le vœu de tout notre cœur, ce sera un lien de rapprochement entre le peuple et la bourgeoisie que la conduite de la bourgeoisie au 2 décembre. Ceux du peuple qui se sont battus diront à leurs frères que partout où il y avait une blouse il y avait un habit; ceux de la bourgeoisie qui ont pris les armes diront dans les salons que partout où il y avait des blouses la propriété était respectée.

(1) *Bulletin français*, publié à Bruxelles, p. 26.

Que l'on ne se méprenne pas, du reste, sur notre pensée. Que cela soit bien entendu et bien compris : nous n'accusons pas l'armée française tout entière. Personnellement, nous serions plus coupable qu'aucun autre de l'enfermer dans une réprobation générale ; car si nous sommes vivant, c'est à la loyauté de soldats et d'officiers que nous le devons. Nous accusons exclusivement les criminels qui ont poussé jusqu'à ces lâches cruautés leurs animosités politiques. Nous le savons, d'ailleurs, quelque horrible soin que des hommes comme M. de Rochefort, comme M. Feray, le digne gendre du général de la rue Transnonain, aient pu prendre pour monter la troupe au diapason de leur rage, ils n'ont heureusement pas toujours réussi :

« Il est notoire, nous mandait l'honorable femme dont nous parlions tout à l'heure, qu'une compagnie de vingt-cinq hommes, envoyés pour prendre une petite barricade au coin de la rue et du passage du Caire, ont refusé de tirer sur le peuple, et déchargé leurs fusils en l'air. Une jeune dame fille, femme et sœur d'officiers, m'a dit que tous les sous-officiers et officiers simples, presque sans exception, sont au désespoir d'être forcés d'obéir à des ordres qui leur sont odieux ; que plusieurs sont devenus fous de chagrin, son propre frère entre autres. »

A part même l'entraînement à la violence qui se produit dans un corps dont on déchaîne les passions brutales, les troupes étaient elles-mêmes sous la pression de la terreur. Tout acte de pitié de la part des soldats les rendait suspects et les exposait à de sévères châtiments.

Nous sommes effrayé nous-même de ce que nous avons à dire. Tant de cruauté systématique est si peu croyable, que nous craignons toujours de trouver des incrédules ; et cependant nous ne disons rien qui ne soit absolument vrai. Oui, les conjurés du 2 décembre, ceux qui, par une fatalité à jamais déplorable, ont disposé de l'armée française, sont des hommes si pervers, si méchants, qu'ils ont puni partout jusqu'au moindre mouvement de sensibilité des soldats ! En voici une preuve, placée sous l'autorité d'un magistrat des plus honorables.

« Londres, 19 mai 1852.

« Je demeure à Argenton (Indre). Dans la nuit du 7 au 8 décembre, vingt-six gendarmes sont venus pour m'arrêter. Ma femme était seule avec ma fille, jeune personne de quinze ans. La domestique était couchée de l'autre côté de la rue. Ils eussent enfoncé ma porte, si ma fille, à qui ils ne laissèrent pas le temps de s'habiller, ne se fût hâtée de la leur ouvrir.

« A la vue de ces hommes, qui avaient *le sabre dans une main et le pistolet dans l'autre,* ma pauvre femme, malade depuis longtemps, tomba dans des convulsions atroces. Nos voisins, nos amis, qui s'étaient aperçus de l'arrivée des gendarmes, et qui savaient quel coup cette visite allait lui porter, s'empressèrent de se rendre auprès d'elle pour lui donner des soins. *Mais ils furent repoussés avec violence,* et ma femme, gardée par une partie des gendarmes, pendant que les autres fouillaient partout en se faisant accompagner de ma fille, fut laissée seule, se tordant dans la douleur et privée de tout secours.

« Cependant un maréchal des logis, nommé Veslet, qui ne pouvait supporter plus longtemps un pareil spectacle, prit sur lui d'aller chercher la domestique et de l'amener auprès de sa maîtresse. Ce brave homme avait les larmes aux yeux et ne pouvait contenir sa propre douleur. Eh bien, savez-vous ce qui lui est arrivé? IL A ÉTÉ CASSÉ!... On lui a fait un crime de son humanité!

« J. COUSSET,
« Ex-procureur de la République,
à Confolens (Charente). »

IV

L'historiographe le plus intime de l'Élysée ne dissimule pas que ses maîtres et ses héros n'aient fait couler le sang innocent. La vérité était trop évidente; elle avait trop de témoins pour qu'on pût la nier. Il s'applique seulement à justifier le mal, et voici en quels termes :

« La proclamation de M. Maupas devait et voulait dire pour tout le monde, excepté pour les sourds et les aveugles : « Il y aura aujourd'hui une grande bataille, que *ceux qui ne veulent pas être tués* n'aillent pas sur le champ du combat. » Cette pièce *répond et a répondu à tous les reproches d'inhumanité, à toutes les évocations de sang innocent répandu* que les partis, depuis le fatal *combat* du boulevard Poissonnière, ont essayé de faire remonter jusqu'au gouvernement. » (P. Mayer, page 151.)

Le sang innocent répandu, dont M. Mayer parle avec si peu de souci, est cependant, à son propre compte, celui de « *cinquante ou soixante infortunées victimes.* » (Page 170.) SOIXANTE VICTIMES dans le quartier le plus riche, le plus paisible de la ville, où il est reconnu que pas une barricade ne fut élevée, que pas la moindre résistance ne fut faite ! Mais, reprend encore le panégyriste du 2 décembre, « le préfet de police avait dit clairement à tout le monde: « N'allez pas *sur les boulevards, car « les attroupements seront dissipés par « les armes et sans sommations préa- « lables*, etc. » CELA DIT TOUT ET JUSTIFIE TOUT ! (Page 171.)

Voilà l'oraison funèbre que M. Mayer accorde à des citoyens innocents, immolés sans distinction d'âge ni de sexe ! C'est vraiment un digne historien du président Obus.

Après la boucherie des boulevards, une partie des morts, restés sur le carreau, furent portés dans la cité Bergère. Un médecin de notre connaissance y a compté soixante-deux cadavres, parmi lesquels ceux de deux ou trois enfants de douze à quinze ans.

« Tous, à de très-rares exceptions près, dit-il, appartenaient à la classe aisée ; un grand nombre étaient fraîchement gantés et en bottes vernies, l'un d'eux avait encore son lorgnon encastré dans l'œil droit, à la manière des élégants. Il était vraiment impossible de les prendre pour des *Bohémiens*, comme disaient les soldats de leurs adversaires. »

Un autre témoin oculaire nous rapporte avoir aussi remarqué des enfants et de plus une femme.

« Plusieurs des cadavres, dit-il, avaient les vêtements percés de coups de baïonnette à la hauteur du ventre. »

Ces victimes, en effet, n'étaient pas toutes tombées sous les décharges des boulevards ; un certain nombre avaient été assassinées à coups de baïonnettes.

Dans une liste prétendue authentique des citoyens sacrifiés les 2, 3 et 4 décembre (publiée par P. Mayer), M. Trébuchet, le statisticien officiel, indique *cinquante* personnes comme tuées boulevards des Italiens, Montmartre et Poissonnière. Voici leur condition sociale d'après ce document :

Adde, *libraire*, boulevard Poissonnière, *chez lui*.

Avenel, allumeur de gaz, boulevard Montmartre.

Boyer, *pharmacien*, boulevard des Italiens.

Bertaux, garçon marchand de vin, boulevard des Italiens.

Boyer, cocher, boulevard des Italiens.

Bidois, *employé*, boulevard des Italiens.

Brun, *négociant*, boulevard des Italiens.

Boulet Desbarreaux, *clerc d'huissier*, boulevard Montmartre.

Boquin, menuisier, boulevard Montmartre.

Colet, *carrossier*, boulevard Poissonnière.

Carpentier, *clerc d'avoué*, boulevard Montmartre.

Coquard, *propriétaire*, à Vire, boulevard Montmartre.

Charpentier de Belcourt, *négociant*, boulevard Montmartre.

Carrel, tourneur, boulevard Montmartre.

Chaussard, domestique, boulevard Montmartre.

Derains, *avocat*, boulevard Montmartre.

Durand, charpentier, boulevard Montmartre.

Devart, *entrepreneur*, boulevard Poissonnière.

Deransart, *coiffeur*, boulevard Poissonnière.

Debauque, *négociant*, boulevard Poissonnière.

Duchesnay, *propriétaire*, boulevard Montmartre.

Friedel, menuisier, boulevard Poissonnière.

Février, *propriétaire*, boulevard Poissonnière.

Filly, *commis*, boulevard Poissonnière.

Frois du Chevalier, *négociant*, boulevard Poissonnière.

Gaugeon, domestique, boulevard Montmartre.

Grellier (*demoiselle*), femme de ménage, boulevard Montmartre.

Grimaud, arçonnier, boulevard Montmartre.

Hoffe, *rentier*, boulevard Poissonnière.

Jouin, scieur de pierres, boulevard Poissonnière.

Lièvre, *négociant*, boulevard Bonne-Nouvelle.

Lemière, *commis-libraire*, boulevard Bonne-Nouvelle.

Labitte, *bijoutier*, boulevard Saint-Martin, *chez lui*.

Lemercier, broyeur, boulevard Poissonnière.

Lelièvre, *commis*, boulevard Poissonnière.

Loly, *homme d'affaires*, boulevard Poissonnière.

Merlet, *ancien sous-préfet*, boulevard Montmartre.

Monnard, domestique, boulevard Montmartre.

Mathos, *chapelier*, boulevard Montmartre.

Maloisel, *coiffeur*, boulevard Poissonnière.

Molin, *courtier*, boulevard Poissonnière.

Pontet, *propriétaire*, boulevard Montmartre.

Poninski (le comte), *rentier*, boulevard Montmartre.

Pilon, ouvrier bijoutier, boulevard Montmartre.

Pariss, *pharmacien*, boulevard Montmartre.

Robert, *peintre en bâtiments*, boulevard Montmartre.

Rio, *professeur de langues*, boulevard Montmartre.

Roussel, *employé*, boulevard Montmartre.

Selan, *propriétaire*, boulevard Montmartre.

Thirion de Montauban, *propriétaire*, boulevard Montmartre.

Thiébault, paveur, boulevard Montmartre.

Vial, cocher, boulevard Montmartre.

Ou tous ces morts étaient *des insurgés*, *des brigands*, d'après le langage officiel, et l'on voit que parmi eux se trouvent en nombre des négociants, des rentiers, des propriétaires, qu'il s'y rencontre même des nobles! ou tous étaient des curieux, des hommes inoffensifs, et alors qui pourra jamais excuser la conspiration militaire d'avoir volontairement, inutilement, sans aucune nécessité, sans le moindre prétexte sérieux, versé tant de sang innocent?

D'après le soi-disant relevé authentique de M. Trébuchet, le nombre total des personnes étrangères à l'armée, tuées à Paris, dans les journées de Décembre, ou mortes des suites de leurs blessures, ne s'élèverait qu'à 191 (P. Mayer, page 170) :

Provenant de l'ambulance de la cité Bergère (tués sur les boulevards Montmartre et Poissonnière).	35
Transportés par ordre des com-	
A reporter. .	35

Report. .	35
missaires de police.	3
Provenant des barricades et portés à la Morgue.	43
Décédés dans les hôpitaux, la plupart insurgés, *quelques-uns, inoffensifs,* morts dans leur domicile.	110
Total.	191

De quel air dégagé est jeté là négligemment ce *quelques-uns, inoffensifs, morts dans leur domicile!* C'est pourtant d'hommes, de femmes lâchement massacrés chez eux, que parlent ainsi les écrivains qui nous appellent les héritiers de Carrier!

Évidemment, ce relevé est inexact. Ainsi, pour ne citer qu'un exemple, sur *neuf femmes* qui s'y trouvent, on ne voit pas celle qui a été *fusillée* par le 36e de ligne! On n'y compte ensuite que *six* malheureux *passés par les armes!...*

Il est impossible de donner le chiffre réel des victimes de la conjuration militaire, mais il est certain que la liste fournie par le gouvernement n'approche même pas de la vérité. C'est une guerre d'extermination que les factieux du 2 Décembre avaient déclarée à la société française : il s'est trouvé des Radetzki, des Haynau parmi eux, et ils ont exécuté à la lettre l'ordre, signé à l'Élysée, de passer au fil de l'épée tout homme pris construisant ou défendant une barricade. Des soldats fanatisés à l'instar des plantons du *brave et spirituel* colonel Feray, *brûlaient la cervelle* à tous les *démagogues* qu'on leur disait de tuer, « *froidement, avec le plus grand calme,* » comme la guillotine coupe indifféremment toutes les têtes qu'on lui livre.

On peut porter à cinq cents au moins le nombre des habitants de Paris assassinés, sans parler des morts des barricades.

Cherchons des témoignages, si difficiles qu'ils soient à obtenir. Le 4, à midi, quelques hommes de cœur, parmi lesquels les citoyens Artaud, Dussoubs, Lebloy, Longepied et J. Luneau, ancien lieutenant de la garde républicaine qui avait intrépidement revêtu son uniforme, s'emparèrent de la mairie du 5e arrondissement, où il n'y avait que dix gardes nationaux du poste de service.

Ils trouvèrent trois cents fusils et des munitions qu'ils distribuèrent aussitôt. Ils n'étaient pas même assez de combattants pour les employer tous! Le citoyen Dussoubs excita vainement les gardes nationaux présents à se joindre aux défenseurs de la constitution. Ceux-ci ne se découragèrent pas, ils élevèrent, pour se protéger, trois barricades qui coupaient en échelons le faubourg Saint-Martin. A deux heures ils furent abordés par des chasseurs de Vincennes, et, après avoir repoussé deux premières attaques, ils durent céder vers les trois heures à un ennemi infiniment plus nombreux qui les prit en tête et en queue, par le haut et par le bas du faubourg. Une trentaine d'hommes, se croyant plus en sûreté dans la mairie, allèrent y chercher un refuge. Ils en furent cruellement punis, car tous, sans en excepter un seul, nous assure le lieutenant Luneau, furent massacrés par les chasseurs de Vincennes!... Un autre, blotti entre des balles de coton qui formaient l'une des barricades (rue des Marais), fut aperçu par le deuxième peloton, et *lardé* à coups de baïonnettes. La *Patrie* du 6 décembre dit, en parlant de la barricade de la porte Saint-Martin :

« Nos troupes N'ONT ÉPARGNÉ AUCUN INSURGÉ. »

Le citoyen Ruin a vu ce même jour, 4, à huit heures du soir, rue Maubert, les cadavres d'une vingtaine de jeunes gens saisis là et fusillés par la gendarmerie mobile concentrée dans ce quartier. A sa connaissance, quinze autres subirent le même sort vers minuit rue Rambuteau.

De huit à neuf heures du soir, nous est-il encore affirmé, un feu peu nourri s'engagea au bas des rues Saint-Jacques et de la Harpe ; trente-cinq hommes environ, presque tous sans armes et occupés à faire une barricade, furent pris entre deux bataillons qui se contentèrent de les mener au Luxembourg. Le général Sauboul, commandant la brigade de ce quartier, reprocha durement aux officiers de n'avoir pas exécuté les ordres du ministre de la guerre, et il fit égorger les trente-cinq prisonniers !...

La preuve de ce crime, nous demandera-t-on? Nous répondrons : elle sera produite quand il deviendra possible de dire la vérité en France sans craindre la transportation. — On nous avait aussi affirmé que vingt-cinq ou trente prisonniers avaient été passés par les armes à onze heures du soir au coin de la rue Mandar. Le même scrupule (la crainte de compromettre un témoin encore à Paris) nous aurait empêché d'en fournir la preuve si M. Mauduit, parfaitement instruit de tous les faits militaires, n'était venu donner à cette révélation une authenticité presque officielle :

« Le 4, dit-il, vers neuf heures du soir, une colonne du 51e enlève, non sans pertes, toutes les barricades que l'on venait de reconstruire dans les rues Montorgueil et du Petit-Carreau. Des fouilles sont aussitôt ordonnées chez les marchands de vin, une centaine de prisonniers y sont faits, ayant la plupart les mains encore noires de poudre, preuve évidente de leur participation au combat; *comment ne pas appliquer* A BON NOMBRE D'ENTRE EUX *les terribles prescriptions de l'état de siége?* » (Mauduit, *Révolution militaire*, p 248.)

Singulier langage, vraiment! Voilà des scélérats qui s'embusquent dans un bois ; le capitaine fait un ordre du jour où il déclare que tous les voyageurs qui passeront devront être dépouillés et assassinés. Puis l'historien de la bande s'en vient, d'un air de componction, nous dire : « Cent voyageurs passèrent. Comment alors ne pas appliquer à bon nombre d'entre eux les terribles prescriptions du capitaine ? »

Plus d'une fois, nous écrivait une personne étrangère à la politique, mais révoltée de ce qu'elle a vu, plus d'une fois on a sacrifié des malheureux soupçonnés seulement de s'être battus ; on les amenait au coin d'une rue ou dans une cour de maison, et on fusillait sans vouloir rien entendre.

« Un ecclésiastique qui habite près de la cour des postes, m'a dit avoir entendu, rue Jean-Jacques-Rousseau, dans la nuit du 3 au 4, des cris et des supplications de personnes qui demandaient grâce de la vie, et qui protestaient de leur innocence : sept coups de fusil résonnèrent à une minute de distance l'un de l'autre et puis plus rien.

« Une dame qui m'a parlé a vu, de ses yeux, le 4, dans la cour d'une maison, quatorze cadavres, au nombre desquels ceux de plusieurs enfants de douze à quinze ans, et celui d'un vieillard, qui tenait encore à la main un parapluie. »

Nous nous rendons très-bien compte de l'incrédulité que de pareilles tueries peuvent rencontrer dans l'esprit du lecteur.

Et cependant il est impossible de les mettre en doute. Elles ne sont que le résultat des sanguinaires consignes parties de l'Élysée. Il faut y croire malgré toutes les révoltes du cœur ; les propres aveux des bourreaux sont là pour forcer la foi. M. le lieutenant-colonel Lebrun, du 58e de ligne, président d'un des conseils de guerre de Paris, a déclaré en pleine audience, que L'ORDRE AVAIT ÉTÉ DONNÉ DE NE PAS FAIRE DE PRISONNIERS ! ! Cette déclaration a été enregistrée par tous les journaux de Paris.

Et on ne tua pas seulement sur place. Les troupes, malgré les prescriptions de l'état de siége et l'ordre du jour Saint-Arnaud, firent des prisonniers, au sujet desquels il court mille rumeurs sanglantes. Il paraît certain que des exécutions nocturnes ont eu lieu à la préfecture de police, à la Conciergerie, à Mazas, au Champ de Mars.

M. Domengé nous dit : « J'ai vu à Paris, dans une maison de la rue de Grenelle-Saint-Honoré, un gendarme mobile saisi d'une fièvre chaude causée par le remords d'avoir participé aux assassinats de la préfecture de police. Ce malheurenx voyait dans ses accès de délire les fantômes de ceux qu'il avait fusillés. La voix publique attribue à des remords de même nature le suicide d'un sergent de ville qui s'est brûlé la cervelle à Montrouge. Deux de mes plus intimes amis rentrant chez eux le 4, vers neuf heures du soir, ont rencontré une forte troupe de gendarmes mobiles et de sergents de ville qui menaient une soixantaine de prisonniers le long du Louvre, dans la direction des Champs-Élysées. Au moment où ils passaient sur le pont des Arts, un de ces malheureux leur cria :

« — Adieu, frères ! on va nous fusiller ! »

« Et sa voix fut étouffée immédiatement. »

On lit dans une lettre, d'un détenu du fort d'Ivry, qu'un journal de Bruxelles a publiée le 10 mai : « Parmi nos compagnons s'en trouvait un âgé de dix-sept ans. Il nous raconta souvent que le 14 décembre, en présence d'un grand nombre de prisonniers, parmi lesquels il se trouvait, on en avait fusillé dix-sept à Mazas. Ce spectacle l'avait profondément ébranlé, et il en souffrait encore. »

Nous trouvons dans une de nos correspondances : « Pendant que les juges délégués au parquet de Paris commençaient à instruire le procès des défenseurs de la constitution, un magistrat a été témoin de ceci. Des brigadiers de gendarmerie venaient inspecter les mains des prisonniers, puis, quand ils en trouvaient dont l'état annonçait qu'ils avaient pris part au combat, ils les arrachaient à la justice déjà saisie, pour les fusiller dans la cour. Partout les soldats ont exécuté la loi martiale, et passé par les armes des hommes placés sous l'égide de la loi, sous la protection même des juges. »

M. Magen relate les ténébreuses confidences qu'on va lire : « Après trois jours passés dans les corps de garde et les casernes de Ménilmontant et du faubourg du Temple, Guillot, délégué de Belleville au comité socialiste, fut conduit à la préfecture le 6 décembre. Dans un petit bureau où on le fit entrer, il entendit parfaitement ces mots qu'à mi-voix un agent disait à l'employé de service :

« — La voiture est là pour emporter les cadavres.

« Guillot était en compagnie des citoyens Venart et Castellino ; on les conduisit dans une espèce de cellule où celui qui distribuait le pain, un boiteux, leur dit mystérieusement :

« — Il est heureux pour vous de n'être arrivés qu'aujourd'hui à la préfecture ; il s'y est passé de terribles choses ces jours derniers. » (*Mystères du 2 Décembre.*)

Ces massacres dans les prisons sont de notoriété publique à Paris ; nous en avons mentionné ce qui revêtait à nos yeux tous les caractères de la vérité. Nous avons rejeté bien des notes dont les personnes à qui nous les devions ne pouvaient se nommer. Ces personnes assurément ne nous sont pas suspectes, mais leurs récits contenaient des choses si énormes, qu'il ne nous a pas paru possible de les publier sans une garantie pour le lecteur. La terreur enveloppe encore les détails et l'étendue des décembrisades d'un mystère qui sera pénétré un jour.

Nous fermerons donc cette douloureuse nomenclature en citant deux derniers faits que personne ne révoquera en doute, car nous les tenons de M. Deville, le professeur d'anatomie. Il importe qu'on sache bien de quelle aveugle fureur les condottieri du 2 décembre avaient animé de malheureux soldats auxquels l'ivresse enlevait la raison.

M. Deville n'ayant été arrêté que le 13 décembre, a pu suivre les hôpitaux où se trouvaient des blessés des barricades. La plupart étaient, dit-il, horriblement maltraités. Il a remarqué entre autres, dans le service de M. Velpeau, à la Charité, un homme (un Rouennais) qui était tombé blessé à la barricade de la rue Montorgueil. Lorsque la troupe parvint à s'emparer de cette barricade, les soldats le voyant à terre lui avaient tiré plusieurs coups de feu dont deux avaient occasionné de nouvelles et graves blessures, puis ils l'avaient *lardé* à coups de baïonnette. *Onze plaies* éparses sur son corps attestaient la férocité des vainqueurs ! Et, il faut le dire, il se plaignait d'avoir été ensuite dépouillé par eux de tout ce qu'il portait sur lui, sans excepter son mouchoir ! Parlez donc du gendarme de Clamecy !

Le second cas observé à la Charité par M. le professeur Deville est celui d'un jeune homme dont l'histoire est aussi merveilleuse que lamentable. Ce jeune homme traversait le Pont-Neuf le 4 décembre. Il portait une carabine cachée sous sa blouse. Des gendarmes mobiles qui gardaient le pont aperçurent l'arme, et tirèrent aussitôt sur l'homme comme sur une bête fauve ! Une balle lui fracassa le haut de la cuisse ; il tomba ; un gendarme courut à lui et le lança par-dessus le parapet dans la rivière!.. Mais le froid de l'eau lui ayant fait reprendre ses sens il avait eu le courage et la force, malgré son horrible blessure, de nager jusqu'aux bains de la Samaritaine, où il s'était accroché, et avait été recueilli par des étrangers, qui le portèrent à la Charité. Il y guéit!

Nous nous rappelons avoir connu, au Mexique, un homme qui avait été une fois fusillé et une fois pendu lors de la guerre d'indépendance. L'histoire de notre heureux concitoyen a failli être plus extraordinaire encore, puisqu'après avoir été le même jour fusillé et noyé, l'autorité judiciaire avait ordonné de le poursuivre comme combattant des barricades! Il ne manquait plus aux braves du 2 décembre que de l'assassiner une troisième fois en vertu d'un bon jugement de ces conseils de guerre qui condamnent aujourd'hui à mort leurs plus courageux adversaires. Le procès était commencé; on avait trouvé des juges pour l'instruire, comme on trouve toujours des bourreaux pour pendre. Cependant, malgré la main mise sur la presse, cette affaire fut connue, l'opinion publique s'en émut ; sur quoi un digne magistrat du prince clément a dit:

— Eh bien ! nous tournerons la difficulté; nous ne le jugerons pas, puis que cela produirait un mauvais effet; nous allons tout simplement le transporter.

Et, nous assure-t-on, il a été transporté.

Si un fait rapporté par M. Deville, comme témoin oculaire, avait besoin de confirmation, nous dirions que celui-ci a été avoué, en ces propres termes, par M. Mauduit, le panégyriste du 2 décembre :

« Un individu, porteur d'armes *sous sa blouse,* ayant été arrêté au moment où il voulait forcer la consigne, *fut fu-*

sillé à l'entrée du Pont-Neuf, *et son corps jeté aussitôt à la Seine*, etc. Il se nommait Berger, járdinier, à Passy. Il a survécu à sa blessure, et *a osé* protester de son innocence en disant que sa carabine était hors de service tandis qu'elle était chargée. » (Mauduit, page 238.)

Au surplus, le malheureux Berger n'est pas le seul que les généraux des cinq ou six mille coquins aient ainsi traité ; le capitaine Mauduit se charge de le constater avec une sauvage désinvolture : « Il n'y eut rien de sérieux dans la Cité ; tout s'y borna à un émeutier tué et à trois individus arrêtés, porteurs d'armes, de munitions, de proclamations ou de fausses nouvelles, et *qui furent passés par les armes et lancés dans la Seine.* »

Rien de sérieux ; on a seulement fusillé et jeté à l'eau trois hommes parce qu'ils portaient des armes ou de fausses nouvelles ! Oh ! les modérés, les modérés... (1)

(1) Le capitaine Mauduit est un type parfait du modéré, et sous ce rapport, il ne sera pas sans intérêt d'observer une minute cet ennemi forcené des socialistes. Celui qui raconte, avec l'horrible sang-froid qu'on vient de voir, les actes monstrueux du jour fondait tendrement en larmes, le matin, en suppliant le Seigneur de bénir les drapeaux du parjure.

« Pendant que l'armée de Paris, dit-il, marchait au combat, je me dirigeai, le cœur profondément agité, vers l'église de Saint-Roch ; j'y entrai au moment où le ministre de Jésus-Christ montait à l'autel de la Vierge pour y célébrer le saint sacrifice.

« Je m'agenouillai, mon front s'inclina, mon cœur s'émut, mes yeux se mouillèrent, et bientôt des larmes abondantes tombèrent sur mon prie-Dieu. » (*Révolution militaire*, etc., p. 204.)

Pour bien faire connaître la nature de pareils hommes, pour dévoiler ce qu'il y a au fond de leur cœur, il faut rapprocher de ces élans religieux le passage suivant du même livre :

« En 1840, dit M. Mauduit, je me reposais de mes fatigues de conjuré de Henri V dans l'une des plus gracieuses villas du bois de Boulogne. Je m'y livrais *aux douces jouissances de famille...*

« J'assistais, en voisin de charmilles, aux ten-

Est-ce bien en France, ou chez un peuple de cannibales, que se passent de pareilles choses?

Nous le demandons, sans colère, que peut-on penser de l'état moral d'une armée, où des soldats tirent sur un homme qui passe, uniquement parce qu'il porte une carabine dont évidemment il ne se servait pas alors, puisqu'elle était *sous sa blouse*? Que peut-on penser des sentiments d'honneur et de

dres épanchements de l'un des ministres les plus austères du roi dont je sapais le piédestal depuis dix ans. J'assistais aux roucoulements de ce tourtereau de cinquante-huit ans avec une tourterelle de soixante, et déjà célèbre en Europe; je souriais, du milieu d'une touffe épaisse de lilas, aux agaceries amoureuses de ce puritain genevois. J'étudiais, à la faveur d'une lampe merveilleuse, dont le reflet frappait d'aplomb sur le visage de la belle étrangère, j'étudiais, dis-je, à la faveur de l'astre des amants, en ce moment dans toute sa splendeur, les émotions de cet intermède amoureux, lorsque je m'entends appeler dans le jardin. Il était neuf heures du soir, et je ne saurais dire ce qui se passa après le baiser dont je fus le témoin. Honni soit qui mal y pense.» (Page 52.)

patriotisme des soldats qui, après avoir abattu cet homme, leur concitoyen, le jettent à l'eau, sanglant et tout vivant? Nous le demandons avec calme, que peut-on penser de l'humanité des amis de l'ordre et de la religion, qui disent aux troupes coupables de ces froides barbaries, quatre fois répétées en deux jours : Honneur, gloire, bénédictions et pensions à vous! Vous avez sauvé la société!

Quelles peintures!. quels détails! Voyez-vous ce héros d'ordre et de morale. Il ne se contente pas tour à tour, de pleurer au pied de l'autel de la Vierge, et de se cacher dans les buissons pour étudier «les émotions d'un intermède amoureux», il se réserve d'ajouter à ce bas et obscène espionnage, l'indignité plus grande encore de divulguer ce qu'il a vu et ce qu'il n'a pas vu!...

Nous ne connaissons guère de caractère qui nous paraisse plus beau, plus enviable que celui d'un homme modéré, maître de ses passions, charitable, indulgent pour les fautes d'autrui; mais nous n'en connaissons pas de plus odieux que celui de ces hommes méchants, impitoyables, dévots et libidineux, qui ont déshonoré le nom presque sublime de modéré en se l'appliquant.

Ces actes atroces sont dus à des soldats sans haine personnelle pour les victimes, soumis à la discipline, guidés par des chefs instruits. Comparez leur affreuse multiplicité avec les trois ou quatre faits de cruauté à jamais regrettables que l'on peut reprocher à la résistance ; crúautés produites, d'ailleurs, par des vengeances privées, commises par des hommes complétement incultes, isolés, et que réprouve le généreux parti dont ils usurpent le drapeau. Comparez, et dites ce que pèse l'assassinat des trois malheureux gendarmes de Bédarrieux, si horrible que ce soit, auprès de cette masse énorme de crimes hideux, *loués*, *glorifiés*, *récompensés* par les civilisateurs du 2 décembre.

V

Et nous ne disons pas tout! bien s'en faut. Il est impossible de savoir encore la vérité entière. On en jugera par ce que nous écrivait, à la date du 20 février, un patriote dévoué, auquel nous avions demandé quelques preuves irrécusables:

« Vous ne sauriez croire le nombre de démarches directes et indirectes qu'il faut faire pour arriver au moindre renseignement certain.

« Chacun se tait rigoureusement, non-seulement pour ne pas se compromettre soi-même, mais pour ne pas compromettre les victimes vivantes des attentats.

« Ce qu'il est surtout impossible d'obtenir, ce sont les noms des témoins que vous demandez toujours pour garantie des faits. Tant d'individus ont été arrêtés pour une plainte, transportés pour un mot, exilés pour avoir *bavardé*, que tous tremblent et aiment mieux taire même leurs propres griefs que risquer l'emprisonnement ou l'exil. Soyez sûr que vous ne trouverez ni un homme, ni non plus une femme (car les femmes ne sont pas épargnées), voulant rester en France, qui hasarde sa signature au bas d'une révélation quelconque.

« Plus le fait est grave, plus l'attestation serait dangereuse. Signer une déclaration publique de ce genre, serait signer tout au moins son arrêt de bannissement. Il y a encore, chaque jour, des arrestations *pour propos tenus* dans le cercle restreint d'un salon. Les espions sont partout : en blouse, en habit, en uniforme, en robe de dentelle, en bonnet. On vous enlève de chez vous, on vous jette en prison, et tout est dit. Vous y restez tant qu'il plaît à ces messieurs, heureux encore quand on ne vous envoie pas à Cayenne ou à Lambessa.

« Vous ne pouvez imaginer cet odieux régime; c'est au point que quiconque l'approuve ou l'excuse ne peut être qu'un infâme. »

Les vainqueurs du 2 décembre ne s'en tiennent pas effectivement à la force ouverte, ils poussent l'affreux système de l'espionnage plus loin qu'on ne le fit aux époques les plus laides de l'histoire.

Grâce à ces grands amis de l'ordre, tous les esprits en France sont saisis d'une inquiétude pleine de soupçon; chacun se demande s'il peut se fier à son voisin. A Paris surtout, comme la ville et les faubourgs sont peuplés de mouchards en habit noir et en veste, on ne s'aborde plus qu'avec une réserve extrême. La façon dont on engage la conversation sur le terrain de la politique ressemble à ce que La Fontaine raconte si bien de Raton tirant les marrons du feu. On se tâte, on s'avance, on se retire, et pour peu qu'à un mot échappé, à une inflexion de voix, on ait jugé qu'on ne soit pas en face d'un agent de M. Maupas, c'est une explosion de colère commune.

Ceci peint tout à la fois et la terreur que produisent les arrestations arbitraires en masse, et les sentiments qui sont au fond de beaucoup de cœurs honnêtes mais trop craintifs.

Oh! oui, vraiment, l'ordre qui règne dans notre malheureux pays est une chose haïssable; nul n'y est en sûreté, nul n'y trouve de garantie. C'est le régime russe avec toutes ses surprises, toutes ses fantaisies, tous ses excès, l'anarchie de l'arbitraire le plus effréné.

Venise aux plus mauvais temps du conseil des Dix ne vit jamais rien de pareil. Le règne qu'ont sanctionné, dit-on, sept millions et demi de suffrages, est le règne du silence, de la peur et de la délation.

Depuis que les bonapartistes sont tout à fait les maîtres, la France est sous l'empire de cette terreur qui remplit l'air à de certaines époques néfastes, et qui s'infiltre peu à peu jusque dans les âmes les plus fortes. Voyez plutôt : on nous indique une famille qui, deux jours après la bataille, avait recueilli et soigné un blessé; nous faisons prendre des informations... On ne veut rien dire; on a peur de raconter aujourd'hui ce qu'on n'a pas eu peur de faire au plus fort du danger. Les âmes se sont affaissées.

On s'expliquera sans peine, après ce qu'on vient de lire, que nous ne donnions les noms d'aucune des personnes encore en France à qui nous devons des renseignements. Le jour où le gouvernement des casemates, de la déportation, de la police et de l'assassinat ne craindra pas que la lumière se fasse sur ses actes, et laissera les juges seuls condamner les calomniateurs si on le calomnie, ce jour-là nous dirons nos correspondants, et l'on verra mille voix s'élever terribles, éclatantes, venge resses, pour accuser les crimes du 2 décembre.

Tout ce que nous pouvons répéter dans notre âme et conscience, c'est que pas une page de ce livre n'a été écrite légèrement; c'est que tous nos auteurs sont des personnes sérieuses; c'est que nous avons étouffé nos passions contre les proscripteurs pour ne rien pousser trop loin ; c'est que nous avons recherché la vérité avec scrupule et respect, comme on doit le faire lorsqu'on dépose au tribunal de l'histoire.

Après tout il est échappé assez d'aveux aux conjurés pour confirmer d'une manière absolue la vérité de ce que nous avons avancé, pour ne pas laisser le moindre doute au dernier des incrédules.

Où trouver des preuves plus irrécusables que celles émanant des journaux ou des généraux du guet-apens ?

Eh bien, lisez.

« *Quatre heures du soir.* — La barricade de la porte Saint-Denis, où l'émeute avait concentré toutes ses forces vient d'être enlevée par la troupe *à coups de canon,* et après une vive fusillade. *Nous n'avons eu que quelques soldats blessés*. L'intérieur de la barricade est rempli des cadavres de ceux qui s'étaient chargés de la défendre. Ceux qui ont échappé se sont repliés sur la porte Saint-Martin, où ils se sont trouvés entre deux feux. Nos

TROUPES N'ONT ÉPARGNÉ AUCUN INSURGÉ. » (*Patrie*, 5 décembre.)

Essayez de traduire ces derniers mots autrement que par ceux-ci : « Nos troupes ont massacré tous les prisonniers tombés entre leurs mains. »

Le *Moniteur parisien* va nous dire maintenant, sous sa responsabilité de journal dévoué, comment de simples officiers mêmes, et tout seuls, faisaient aussi fusiller à tort et à travers :

« Un ancien gardien de Paris, reconnu comme ayant fait partie *de la bande* des Montagnards de Sobrier et Caussidière, passait aujourd'hui, vers deux heures après midi, sur le pont Saint-Michel, et menaçait les gardes républicains qui étaient en sentinelle. Arrêté et conduit à la préfecture de police, on a trouvé sur lui des munitions de guerre et deux poignards. Comme *il opposait une vive résistance aux gardes qui le conduisaient*, persistant dans ses menaces et proférant des cris de mort contre les agents de l'autorité, *le chef du poste* L'A FAIT FUSILLER *par deux de ses soldats dans la rue de Jérusalem.* Il avait une blessure au bras droit, et ses mains étaient encore toutes noircies par la poudre des barricades. » (*Moniteur parisien*, 6 décembre.)

Voici donc un lieutenant, ou un sous-lieutenant, ou un capitaine, qui, de son autorité privée, fait mettre à mort un homme au coin d'une rue, parce que cet homme aurait opposé résistance ou adressé quelques injures aux gardes qui l'arrêtaient !...

Quelle différence y a-t-il entre ce meurtre infâme et celui du général Bréa, tant et si perfidement exploité par la réaction contre la République, quoiqu'il ait été commis par des bonapartistes (1) ?

(1) On ne lira pas sans intérêt la lettre ci-jointe

Suivons : « Plus tard, dans la soirée du 3, de nouvelles barricades ayant été

que nous écrivit notre honorable collègue, M. Nadaud, à la suite d'une conversation où il avait eu occasion de parler de l'assassinat de la barrière de Fontainebleau; cette lettre met en évidence, confirme, certifie un fait important que plus d'une rumeur avait déjà signalé.

A mesure que la lumière se fera, on apprendra ainsi bien des choses sur les menées de MM. Bonaparte et Persigny pour arriver à l'empire. Quoi qu'il en soit, il résulte aujourd'hui de la lettre du citoyen Nadaud que l'horrible crime de juin 1848 appartient bien réellement à la longue conspiration qui est venue aboutir au 2 décembre.

Les meurtriers du général Bréa étaient les précurseurs des généraux élyséens, des Saint-Arnaud, des Magnan, des Sauboul, des Chapuis et autres assassins qui ont fusillé des prisonniers et une femme! Avant de laisser la parole à M. Nadaud, nous ajouterons deux mots : c'est qu'il est incapable d'un mensonge; c'est que sa véracité n'est contestée par persoune, pas même par ses ennemis politiques.

« J'ai connu Lahr, qui fut condamné à mort dans l'affaire dite du général Bréa, en 1848. C'était un excellent ouvrier qui, à force de travail, d'économie, de sobriété, était parvenu à amasser une somme de 4,000 francs, qu'il avait employée, en 1847, à l'achat d'un fonds de logeur et de marchand de vin situé barrière des Deux-Moulins.

« Jusqu'à la révolution de Février il n'avait pris aucune part à la politique. On sait qu'à cette épo-

construites dans la rue Beaubourg, le colonel Chapuis, du 3e de ligne, emme-

que les travaux cessèrent dans un grand nombre d'ateliers. Beaucoup de ceux qui logeaient chez Lahr, privés de travail, ne purent lui rembourser les avances que l'on est obligé de faire dans des maisons de ce genre. C'est à partir de ce moment, c'est-à-dire vers la fin d'avril, qu'il se mit en relation avec les *agents* les plus actifs de M. Bonaparte.

« Ses frères, qui travaillaient avec moi, me disaient tous les jours que, un ou plusieurs messieurs se rendaient dans son cabaret (principal rendez-vous des Allemands), et que toutes leurs conversations concernaient Louis-Napoléon. Il finit par être tellement exalté pour le neveu de l'empereur, comme ils disaient tous, qu'un jour il vint débaucher ses trois frères, qui travaillaient avec moi à la mairie du 12e arrondissement de Paris; je fus les chercher chez le marchand de vin qui fait l'angle de la rue Saint-Jacques et de la rue Soufflot. Aussitôt qu'ils m'aperçurent, ils m'offrirent un verre de vin, et en choquant le verre, sur un signe de Lahr, ils crièrent par trois fois :

« — *Vive Louis-Napoléon! Vive le petit Louis! Nous le voulons et nous l'aurons!*

« J'ai su par plusieurs de mes amis, présents à la lutte de la barrière de Fontainebleau, que Lahr distribuait du vin aux combattants pour être plus utile à son prince; car vous pouvez attester qu'il avait reçu de l'argent. Je tiens ce fait de son frère et de deux de ses meilleurs amis.

« Si ces renseignements, cher citoyen Schœlcher, peuvent servir à défendre les républicains, qui jusqu'à présent ont été injustement accusés par les vieux partis d'avoir assassiné le général

nant avec lui un bataillon de son régiment et une compagnie du génie, par-

Bréa, servez-vous-en pour affirmer que le général fut frappé par les agents les plus zélés de M. Bonaparte.

« Salut et fraternité,

« NADAUD,

« Représentant du peuple.

« Londres, 1er mars 1852. »

A titre de nouveau témoignage de la part que les conspirateurs de Strasbourg et de Boulogne ont eue dans les affaires de juin 1848, nous rappellerons que M. Kléber, capitaine d'infanterie condamné à la détention perpétuelle pour avoir refusé à cette époque de prendre part à la répression, vient d'être complétement *gracié*. Cette remise de peine n'est qu'un acte de reconnaissance encore trop tardif. M. Kléber, attaché à la fortune de celui qu'il croit le neveu de l'empereur, avait sacrifié sa carrière pour obéir à ses convictions politiques.

Voici une autre lettre digne de fixer l'attention des hommes avides de savoir la vérité sur toutes choses. Ce que dit le signataire, notre honorable collègue, M. Mathé, mérite d'autant plus de confiance qu'il a déclaré devant les conseils de guerre de la réaction ce qu'il répète aujourd'hui :

« Mon cher Schœlcher,

« En rappelant dans votre ouvrage sur les événements du 2 décembre le meurtre du général

courut de nouveau ces quartiers et essuya un feu très-vif qui ne put arrêter

Bréa, vous citez, m'avez-vous dit, le témoignage de notre ami Nadaud, duquel il résulte que l'un des auteurs de ce meurtre était bonapartiste avoué. Je viens, à mon tour, vous donner un renseignement qui aura sa valeur pour ceux qui rejettent la responsabilité de la mort du général Bréa sur les démocrates.

« De tous les actes de barbarie imputés aux insurgés de Juin par les perfides organes de la réaction pour exciter les troupes au massacre, celui-là *seul* est resté vrai, et lors même qu'on voudrait toujours en accuser faussement les républicains, encore ne seraient-ce que de tristes représailles.

« Voici ce que j'ai vu et ce qu'ont vu comme moi de nombreux habitants du quartier du Panthéon :

« L'insurrection avait été vaincue dans ce quartier dès le samedi soir; le général Bréa avait établi son quartier général sur la place du Panthéon.

« Le dimanche matin, entre huit et neuf heures, j'allai chercher mes enfants à leur pension, chez M. Amiel, rue Saint-Jacques; les barricades étaient détruites, et la troupe bivouaquait tranquillement; dans la cour de la pension se trouvaient plusieurs gardes nationaux qui étaient venus demander les ordres de M. Amiel, capitaine de leur compagnie, lequel avait combattu les insurgés de Juin. Parmi eux était un caporal nommé Raguinard, mécanicien, rue des Fossés-Saint-Jacques.

« Nous causions des événements, lorsqu'un capitaine de la garde mobile, escorté de quelques soldats de la ligne, entra dans la cour et demanda le caporal Raguinard. Celui-ci se fit connaître, et ils l'emmenèrent sans lui dire un mot. Je les sui-

l'élan de la colonne. Tous les obstacles furent enlevés au pas de course, *et ceux qui les défendaient* PASSÉS PAR LES ARMES. » (*Rapport* du général Magnan, 9 décembre.)

Ils l'avouent!... Le général en chef de l'armée des insurgés l'avoue! Ils

vais, à quelques pas, avec mes enfants, sans bien comprendre leur dessein. A l'angle de la rue Neuve-Soufflot et de la rue Saint-Hyacinthe, *je vis* fusiller Raguinard à bout portant, en présence de plus de cinquante gardes nationaux sous les armes. A la même place, j'aperçus une autre victime dont je n'ai pu savoir le nom. M'autorisant alors de ma qualité de représentant du peuple, je voulus faire comprendre aux gardes nationaux l'énormité de ce meurtre, et observer que, n'ayant pas même été pris durant le combat, mais le lendemain seulement, ces deux malheureux pouvaient avoir été victimes d'une méprise ou d'une vengeance particulière. Mes observations ne me valurent que d'atroces menaces.

« Je courus à l'Assemblée pour raconter ce que j'avais vu. Je ne pus arriver jusqu'au général Cavaignac; je retournai, avec deux de mes collègues, les représentants Madet et Vignerte, sur le lieu de l'événement, et je fis certifier devant eux, par les soldats eux-mêmes, le fait dont j'avais été témoin; ils virent, comme moi, les traces sanglantes de ce double assassinat. Les soldats nous racontèrent qu'on avait fusillé, dans la matinée, plus de vingt citoyens *reconnus* pour avoir pris part au combat de la veille.

ont passé par les armes des prisonniers !

Dans quelle contrée de la terre fusille-t-on aujourd'hui les prisonniers? Les hordes les plus sauvages renoncent à ces coutumes féroces, les bonapartistes y retournent. Les prisonniers, fussent-ils des criminels, ce serait en-

« Tout cela s'était passé à une très-petite distance du lieu où se tenait le général Bréa. S'il n'avait tout ordonné, il avait certainement tout entendu, tout su, sans rien empêcher. Ce fut le soir du même jour que ce général fut fait prisonnier, à son tour, à la barrière de Fontainebleau, l'une des plus voisines de son quartier général, où l'insurrection avait conservé ses positions, et à son tour fusillé par les insurgés. Il s'était, dit-on, présenté comme parlementaire, et devait être protégé par cette qualité. Cela n'est que trop vrai, mais les citoyens fusillés dans la matinée presque sous ses yeux, pour la part qu'ils étaient accusés d'avoir prise au combat de la veille, n'étaient pas moins protégés par toutes les lois de la guerre et de la civilisation.

« J'ai déposé de ces faits dans le procès des insurgés de la barrière Fontainebleau, comme d'une des mille preuves qu'en toute circonstance ce sont les prétendus défenseurs de l'ordre qui ont pris l'initiative du brigandage.

« Salut amical,

« Félix Mathé,

« Représentant du peuple.

« Londres, 12 mars 1852. »

core là une atrocité. Mais les terroristes du 2 décembre présenteront les choses comme ils voudront, ils pourront répéter à satiété toutes les déclamations de la rue de Poitiers contre les rouges, nous les défions de prouver que les vaincus, lâchement baïonnettés par le colonel Chapuis, n'étaient pas des hommes qui accomplissaient un devoir en soutenant les pouvoirs constitués, l'ordre établi. Dira-t-on qu'il ne fallait pas recourir aux armes? Mais comment défendre sans coups de fusil la constitution attaquée à coups de canon?

Il n'est pas un légiste en France, en Europe, pas un tribunal sur la terre, pas un conseil d'hommes d'État, fût-ce à Vienne ou à Pétersbourg, qui ne déclarera le colonel Chapuis et ceux qui ont exécuté ses ordres coupables d'un assassinat politique. Le triomphe des conjurés de Décembre ne les justifie pas plus que le succès ne justifie l'empoisonneur heureux et impuni. Ils sont aux Tuileries, soit : il n'en reste pas moins certain, incontestable, que le droit, la loi, la constitution étaient du côté des citoyens qui faisaient et défendaient des barricades.

Les hommes qui moururent alors sous les balles parricides de la troupe sont les martyrs des temps modernes. Honte à leurs bourreaux !

Nous avons, de la bouche des insurgés, un autre aveu des odieux homicides qu'ils ont commis contre tout droit des gens. Au milieu de la liste des morts n'appartenant pas à l'armée, liste fournie par M. P. Mayer, on trouve six N avec cette note : « Inconnus, dont on n'a pu constater l'identité, PASSÉS PAR LES ARMES, ou trouvés morts sur les barricades. » La chose est dite fort tranquillement, mais elle établit officiellement une fois de plus, qu'il y a eu des hommes PASSÉS PAR LES

ARMES après le combat! Quand on récompense et glorifie l'armée souillée de tels forfaits, on peut se donner soi-même le titre de modéré, mais on ne méritera jamais que celui de barbare.

Lisez maintenant, dans la *Patrie* du 14 décembre, une lettre signée *Vincent N., caporal de chasseurs d'Afrqiue* :

« A la deuxième barricade, dans une maison d'où l'on a tiré le plus de coups de fusil, et où nous sommes entrés, nous avons trouvé plus de trois cents *insurgés*. On aurait pu les passer à la baïonnette; mais, comme le Français est toujours humain, nous ne l'avons pas fait. Il n'y a que *ceux qui n'ont pas voulu se rendre qui* ONT ÉTÉ FUSILLÉS SUR-LE-CHAMP. Dans une chambre, nous en avons trouvé qui demandaient pardon, en criant :

« — Nous n'avons rien fait, nous faisons des remèdes pour les blessés.

« Mais ils avaient bien soin de cacher plusieurs moules et cinq ou six cuillers ou fourchettes en plomb avec lesquelles ils fondaient des balles. Nous AVONS TUÉ UN INDIVIDU qui, en tombant, s'écriait :

« — *Ne me tuez pas*, car ce serait malheureux *de mourir pour dix francs.*

« Je craignais beaucoup les émeutes à Paris; je croyais toujours que l'on se battait pour un parti ou l'autre, ou bien contre des ouvriers qui demandent du travail. Mais on n'a pas trouvé parmi *ces individus un ouvrier digne de figurer au nombre des travailleurs. Ce sont des hommes qui sont poussés par l'argent, et qui se battent sans savoir ni pour qui, ni pour quoi. Ils ne cherchent qu'à piller.* Les ouvriers intelligents, ainsi que les habitants, les dénoncent eux-mêmes ou les font prendre. Les habitants ne sont contents que quand ils voient la troupe garder leurs maisons.

« Nous avons passé plusieurs nuits dehors sur les boulevards, mais nous n'étions pas malheureux. Tous les habitants *vidaient leurs caves pour donner du vin aux soldats,* faisaient la soupe et donnaient du bois pour nous chauffer toute la nuit. On criait de toutes parts :

« — *Ne les ménagez pas, fusillez-les de suite.* »

Par cette lettre, que la *Patrie* recueille avec amour, on peut juger des idées et des sentiments que les chefs avaient su inspirer aux soldats. Le caporal Vincent N. ne dissimule pas qu'ils ont FUSILLÉ SUR-LE-CHAMP les constitutionnels *qui ne voulaient pas se rendre,* et TUÉ un malheureux qui demandait la vie ! Le caporal Vincent répète que les héros de la loi se battaient pour de l'argent, et au même instant il déclare que « les honnêtes gens » vidaient leurs caves pour encourager la troupe au massacre, en lui criant :

— Ne les ménagez pas ; FUSILLEZ-LES ! ! !

Sera-ce la dernière orgie de l'ordre ?

Hélas ! plusieurs n'ont que trop écouté ces barbares provocations. Des soldats français ont fait à Paris PLUS que les Autrichiens n'avaient fait en Hongrie, ils ont fusillé jusqu'à des femmes, oui, jusqu'à des femmes !.... Ce crime monstrueux est hors de toute contestation. Ce sont les journaux de l'attentat qui se sont chargés de le publier. On le trouve, avec les honneurs de l'entre filet, dans le *Moniteur parisien* du 6 décembre :

« UNE FEMME DU PEUPLE PORTANT VINGT-CINQ POIGNARDS A ÉTÉ ARRÊTÉE, CE SOIR, ET FUSILLÉE PAR LES SOLDATS DU 36e DE LIGNE. »

Les généraux de MM. Persigny et

Bonaparte, jaloux des faveurs de leurs maîtres, n'ont pas voulu rester au-dessous de ce bourreau de la Hongrie auquel le peuple anglais a infligé une sévère correction. Ils ont déshonoré le caractère français en poussant la rage au delà même des fusillades. Un homme auquel le nom de fouetteur restera comme une tache indélébile d'ignominie, le général Herbillot, « faisait donner le fouet aux *insurgés* âgés de moins de vingt ans, qu'on lui amenait, *et les livrait ensuite aux sergents de ville !* » C'est M. P. Mayer qui le constate, page 165 de son livre, en ajoutant : « La bénignité du fils d'Hortense se communiquait comme sa volonté absolue à ses derniers agents, et donnait une autorité de plus à ces vérités que nous espérons voir un jour vulgarisées, que *la tolérance n'enlève à la justice aucun de ses droits !* »

VI

En province, on n'a pas moins prodigué le canon, on n'a pas observé avec une ponctualité moins sauvage le mot d'ordre : FUSILLER. Les chefs avaient été bien choisis ; ils ont tous fait ce qu'on attendait d'eux, et, en vérité, l'on peut s'étonner qu'il y ait tant d'hommes cruels en France.

Citons :

« Les *insurgés* (en province comme à Paris, les révoltés du 2 décembre affectent de donner ce nom, qu'eux seuls méritent, aux citoyens armés pour la défense des lois), les *insurgés*, à deux kilomètres de Crest (Drôme), furent aperçus se déployant en longues files à droite et à gauche de la reconnaissance; leur nombre n'était pas moindre de dix-huit cents à deux mille, et l'on distinguait parfaitement leurs cris, leurs menaces. *Deux coups d'obusiers*, qui portèrent juste, les arrêtèrent d'abord. Mais la fusillade s'engagea bientôt, et deux chevaux de la pièce furent blessés. Ces *forcenés* s'avançant avec une grande résolution pour tourner la position, le commandant ordonna la retraite et fit occuper fortement une *barricade* formant tête de pont sur la Drôme, où la pièce de huit se tenait prête à agir.

« *L'obusier* fut placé sur le quai intérieur de la ville, de manière à battre la route qui, à une longueur de cent mètres, débouche sur la Drôme, perpendiculairement au quai. Les défenseurs *des autres ouvrages* sur le périmètre de la ville, occupèrent aussi les points assignés, et tous se tinrent prêts à bien faire leur devoir.

« Au bout de vingt minutes, une colonne *d'insurgés* se présenta bien unie, et s'avançait en masse compacte pour déboucher sur la petite place, où était située *la première barricade* formant tête de pont. *L'obusier fit feu, et la mitraille, tirée tout au plus à deux cents mètres, fit un grand effet.* On vit tomber un grand nombre d'ennemis, et, à compter de ce moment, la route fut évacuée, et aucune *bande* n'osa plus s'y montrer. Mais d'autres masses *d'insurgés* avaient gagné les bords de la Drôme et s'avançaient résolûment sur la digue. *L'obusier* fut alors dirigé de ce côté, etc. » — (*Rapport du général Lapène*, 13 *décembre*) (1).

(1) Faisons remarquer ici que les militaires, qui reprochent tant au peuple « la guerre des barricades et des fenêtres » (tout en construisant des bastions et des meurtrières pour résister aux ennemis du pays), ne se refusent jamais ni les barricades ni les fenêtres quand ils peuvent s'en servir. Le rapport du général Lapène suffirait seul à bien fixer le lecteur sur ce point. Toutefois, voici un article du *Toulonnais* (10 décembre) qui sert à confirmer notre observation :

« Le plan des *insurgés* était de faire un coup

« A Villeneuve-sur-Lot, M. le sous-préfet, Vesine-Larue, n'a pu contenir la municipalité, qui s'est ruée tout entière sur la sous-préfecture, et a contraint ce magistrat à s'adjoindre une commission de dix membres pour administrer l'arrondissement. La municipalité de Villeneuve est rouge entièrement. A peine cette fâcheuse équipée

de main sur la préfecture, à Draguignan, comme cela est arrivé à Digne, mais les préparatifs formidables de défense qui ont été faits aux abords de la préfecture les ont détournés de ce projet et, tournant Draguignan, ils se sont portés sur Lorgues, puis de là, par Flayosc, sur Aups, sans que la colonne partie de Toulon soit parvenue à les atteindre.

« La préfecture a présenté pendant plusieurs jours *l'aspect d'une forteresse; des barricades gardées par le* 50e *de ligne*, sous le commandement du chef de bataillon Monguin, avaient été élevées à l'extrémité de toutes les rues qui aboutissent à la préfecture, depuis cet hôtel jusqu'à la hauteur de la prison; *les maisons* qui commandent l'arrivée de Trans et ses diverses rues *avaient été occupées militairement.*

« Une compagnie du 8e de ligne, sous le commandement du major Zaccone, stationnait *derrière la grille*, dans la cour de l'hôtel, dont *toutes les fenêtres étaient également garnies d'hommes armés.* »

était-elle connue, que M. le préfet a mandé à M. Vesine-Larue l'*ordre de faire* FUSILLER *les municipaux qui voudraient s'immiscer dans l'administration pour troubler le pays.* CET ORDRE A RAMENÉ LE CALME. » (*Journal de Lot-et-Garonne*, 10 décembre.)

« ... Les *insurgés* de Clamecy envoyèrent des *parlementaires* qui ne furent point écoutés, et *des éclaireurs qui furent saisis et* FUSILLÉS. Ils se décidèrent alors à attaquer la troupe, etc. » (*Patrie*, 15 décembre.)

On écrit d'Aups, 12 décembre : « Les *révoltés* ont fui à travers champs, et les cent cavaliers qui marchaient avec l'infanterie les ont poursuivis ET EN ONT FAIT UN GRAND MASSACRE. Sur les routes de Lorgues, Salerne, Tourtour et Aups, on a vu plusieurs cadavres *d'insurgés*. La colonne A FUSILLÉ PRESQUE TOUS LES *rebelles* QU'ELLE A RENCONTRÉS. Les troupes se trouvaient à peu de distance d'Aups, lorsqu'elles aperçurent un homme à cheval, qui, en les voyant, partit au grand galop. Les cavaliers s'élancent à sa poursuite, l'atteignent, et reconnaissent en lui *une estafette* qui allait annoncer aux *insurgés* leur arrivée. *La prendre et* LA FUSILLER *fut l'affaire d'un instant.* » (*Moniteur*, 17 décembre.)

Marseille, 12 décembre : « Toutes les nouvelles reçues des colonnes expéditionnaires, dans les Basses-Alpes et le Var, sont *des plus favorables ;* partout où elles rencontrent *les bandes d'insurgés,* elles les attaquent, les dispersent, et PASSENT PAR LES ARMES *tous ceux qui sont pris les armes à la main.* » (*Le Constitutionnel*, 16 décembre.)

« Informé, à minuit, par un gendarme qui avait essuyé une décharge, qu'il y avait, à un kilomètre d'Avignon, un rassemblement qui attendait *les bandes* d'Apt, j'envoyai un piquet d'infanterie et de cavalerie pour les disperser. LE CHEF REÇUT L'ORDRE DE FUSILLER TOUT INDIVIDU PRIS LES ARMES A LA MAIN..... Ayant appris à Lisle (près d'Avignon) qu'il y avait quelques *bandes* aux environs de Cavaillon, le commandant de France alla les y chercher ; il en rencontra une près de Cavaillon, il lui tua quelques hommes, reprit les drapeaux enlevés à la mairie de Lisle, et FIT FUSILLER DEUX OU TROIS INDIVIDUS *qui tombèrent entre ses mains.* » (*Rapport du général d'Antist,* 7 décembre. *Patrie*, 19 décembre.)

« A Saint-Étienne, la colonne du commandant Vinoy a fait également de bonnes prises ; HUIT individus, pris les armes à la main, ont été FUSILLÉS sans désemparer. (*Patrie,* 22 décembre.)

Nevers, 8 décembre : « Quelques troubles ont éclaté à Neuvy, petite commune de l'arrondissement de Cosne. Ils ont été réprimés avec énergie ; TROIS *insurgés*, *pris les armes à la main, ont été* FUSILLÉS. Tout est rentré dans l'ordre. » (*Journal de Lot-et-Garonne,* 11 décembre.)

Bornons-nous à ces quelques citations prises çà et là dans les journaux de l'ordre. Ce serait attrister inutilement le lecteur que de les multiplier autant qu'on le pourrait. Celles-ci suffisent à montrer quelle exécrable guerre les décembriseurs ont faite à la France qui se soulevait partout contre eux. Ils n'ont point reculé devant des actes dont rougirait une armée de Cosaques. Estafettes, éclaireurs, parlementaires, prisonniers, ils ont tout massacré impitoyablement, lâchement, contre les principes les plus vulgaires même des lois de la guerre. Et ils le publient, ils le signent !... Par ce qu'ils révèlent, jugez de ce qu'ils croient devoir céler ! Voilà ce que ces nouveaux Barbares appellent « rasseoir la société sur des bases solides et durables !... »

On voit la conduite des sauveurs ; écoutons le langage des sauvés : « Espérons, écrit une modérée de Cuers à son frère, espérons, mon cher ami, que *la justice divine inspirera la justice humaine*, et que la France *sera bientôt délivrée de tous ces indignes citoyens*. C'est, de l'avis *de bien estimables personnes*, le seul moyen de rendre à notre patrie le calme dont elle a besoin, et de la faire toujours marcher *à la tête des nations civilisées* ».

Le *Courrier du Havre* a trouvé ces vœux si pieux et si touchants qu'il s'est empressé de les publier dans son numéro du 13 décembre.

La soif du sang éclate mieux encore dans une lettre de Marmande, signée *Pasquier*, publiée par l'*Estafette* du 14 décembre :

« Au moment où nous traçons ces lignes, nous entendons le tambour ; ce sont de nouvelles colonnes de paysans qui arrivent dans notre ville, et qui vont immédiatement se ranger en bataille dans les cloîtres de la sous-préfecture. On remarque avec émotion et enthousiasme M. le maire *et M. le curé de Courdrot, fusil en main*, en tête de trois cents hommes.

« Rien n'est plus curieux et plus significatif que l'armement de quelques-uns de ces bons campagnards ; les uns portent des fourches, des faux ; les autres sont armés de serpes emmanchées et de broches ; *tout ce qui peut fendre, couper, hacher, percer, leur est bon*, disent-ils, *pour anéantir les démagogues et les pillards !* Aussi, comme nous sommes disposés à les seconder. »

Ainsi parlent les modérés, qui nous qualifient chaque jour de buveurs de sang.

VII

Il faut le dire, il faut que la France et l'Europe le sachent, l'initiative et la responsabilité de cette guerre d'extermination reviennent tout entières aux conjurés de l'Élysée. Dès le 3 décembre, ils affichaient leurs farouches projets. Après les premières barricades que les représentants du peuple inaugurèrent de leur sang, le guerrier du guet-apens publiait la proclamation suivante :

« Habitants de Paris,

« *Les ennemis de l'ordre et de la société* ont engagé la lutte. Ce n'est pas le gouvernement qu'ils combattent ; *ils veulent le pillage et la destruction.*

« Que les bons citoyens s'unissent *au nom de la société et des familles menacées.*

« Restez calmes, habitants de Paris! Pas de curieux inutiles dans les rues; ils gênent les mouvements *des braves soldats qui vous protégent de leurs baïonnettes*.

« Le ministre de la guerre,

« Vu la loi sur l'état de siége,

« Arrête :

« Tout individu *pris construisant des barricades, ou défendant une barricade, ou pris les armes à la main*, SERA FUSILLÉ.

« Paris, le 3 décembre 1851.

« DE SAINT-ARNAUD. »

Mettons de côté pour un moment tout ce qu'il y a de sauvage, d'offensant pour l'humanité et la civilisation dans ces exécutions sommaires appliquées à des actes de guerre civile. Examinons-les au simple point de vue du bon sens, et nous verrons qu'en définitive cette proclamation se réduit à ceci : Quiconque défendra, les armes à la main, la constitution, que nous violons à main armée, sera fusillé ! O défenseurs de la civilisation !

L'article 68 de la constitution dit : « Toute mesure par laquelle le président de la République dissout l'Assemblée est un crime de haute trahison. » L'article 110 ajoute : « L'Assemblée nationale confie le dépôt de la présente constitution et des droits qu'elle consacre à la garde nationale et au patriotisme de tous les Français. »

Or, le président de la République dissout l'Assemblée. En vertu de l'article 68, l'Assemblée nationale prononce sa déchéance. La haute cour le met en accusation pour crime de haute trahison. Des citoyens auxquels l'article 110 confie le dépôt de la constitution prennent les armes pour la défendre. L'ex-président, en révolte ouverte contre les lois, contre la représentation nationale, contre la justice, soutient son crime à coups de canon ; vingt-cinq jours plus tard, le 1er janvier 1852, à des éloges furieux de M. Baroche, avocat, magistrat, ministre de la justice, par conséquent l'homme de la légalité s'il en fut, il réplique textuellement : « La France a répondu à l'appel *loyal* que je lui avais fait. Elle a compris qne je n'étais SORTI DE LA LÉGALITÉ que pour rentrer dans le droit. Plus de sept millions de suffrages viennent de M'ABSOUDRE, etc. »

L'ex-président confesse donc lui-même, par sa propre bouche, qu'il a violé la loi le 2 décembre, qu'il est sorti de la légalité ; il reconnaît, en outre, que c'était bien un crime, puisqu'il ajoute en avoir été ABSOUS. Et cependant, les citoyens, ouvriers, bourgeois, représentants du peuple, qui prêtèrent main-forte à la constitution, main-forte à l'Assemblée, main-forte à la haute cour, « sont des ennemis de l'ordre et de la civilisation qui *engagent la lutte*, qui menacent les familles, » et il faut « LES FUSILLER au nom de la société *en légitime défense !* » C'est M. Leroy, dit de Saint-Arnaud, qui le déclare, c'est M. Leroy l'escroc, M. Leroy l'ami de M. Bonaparte qui nous impute publiquement « de vouloir le pillage et la destruction ! »

Le langage du ministre des insurgés paraît plus repoussant encore quand on sait qu'il ne dit pas ce qu'il pense ; il n'a pas même pour excuse de croire, comme certains fanatiques de l'ordre, que ceux qu'il ordonne de fusiller étaient des *brigands*. On en trouve la preuve dans la note suivante, que nous devons à M. Domengé :

« M. Leroy Saint-Arnaud, dans une visite qu'il fit à l'École polytechnique le jour même de la lutte, déclara devant les employés de la maison (adjudants, professeurs, répétiteurs), qu'il serait, le soir, maître de la situation, parce que le peuple ne bougeait pas et « qu'une partie seulement *de la bourgeoisie* s'était battue ». Il ajouta que l'affaire la plus chaude avait été celle du boulevard, où, dit-il, » une quarantaine de jeunes gens appartenant aux meilleures familles avaient été tués. » Ce propos m'a été personnellement rapporté par l'un de nos plus remarquables savants, répétiteur à l'École polytechnique, qui venait de l'entendre à l'instant même de la bouche du général. Il peut être utile de rapprocher ce fait des proclamations où M. Saint-Arnaud dénonçait les *insurgés* à la France comme l'écume de la population armée pour le pillage.

Digne ministre de l'assassin de Boulogne, M. Leroy, dit de Saint-Arnaud, sue le sang, chacune de ses paroles est un vœu de carnage : quelques jours après le 2 décembre, il envoyait cette dépêche aux généraux commandant les divisions militaires (*Patrie*, 12 décembre) :

« Toute insurrection armée a cessé dans Paris par une répression vigoureuse. La même énergie aura les mêmes résultats partout.

« Des bandes qui apportent *le pillage, le viol et l'incendie se mettent hors la loi.* Avec elles, *on ne parlemente pas, on ne fait pas de sommation :* on les attaque, on les disperse.

« Tout ce qui résiste doit être FUSILLÉ *au nom de la société en légitime défense.*

« *Le ministre de la guerre,*

« *Signé :* DE SAINT-ARNAUD. »

Qu'est-ce que les proclamations de Radetzki, qui vouèrent son nom à l'exécration de l'univers, ont de plus hideux que celles du ministre de l'Élysée ?

Pour M. Maupas, ce ne fut point

encore assez de « fusiller les barricadeurs, » il condamna à mort les citoyens les moins hostiles, pour crime de *rassemblement* et même de *stationnement*.

Le 4, il ensanglantait les murs de Paris, de l'ordonnance suivante :

« Habitants de Paris,

« Comme nous, vous voulez l'ordre et la paix ; comme nous vous êtes impatients *d'en finir* avec cette poignée *de factieux qui lèvent depuis hier le drapeau de l'insurrection, etc., etc.*

« *L'état de siége est décrété.*

« Le moment est venu d'en appliquer les conséquences *rigoureuses.*

« Usant des pouvoirs qu'il nous donne, nous, préfet de police, arrêtons : « Le *stationnement* des piétons sur la voie publique et la formation des groupes sont absolument interdits ; *ils seront*, SANS SOMMATION, dispersés *par les armes*.

« Que les citoyens paisibles *restent dans leurs logis ; il y aurait péril sérieux* à contrevenir aux dispositions arrêtées.

« Fait à Paris, le 4 décembre 1851.

« *Le préfet de police,*

« De Maupas. »

Ces fureurs durèrent longtemps après que *l'ordre* fut rétabli. Le 27 décembre, un de ces misérables qui déguisent leur goût pour le meurtre sous le nom d'amour de la paix, qui décrètent le vol sous le nom de séquestre, tout en fulminant contre les partageux, le général Bourjolly, lançait encore la proclamation suivante contre les départements placés sous son sabre :

« L'état de siége que j'ai provoqué pour les départements du Gers, du Lot et de Lot-et-Garonne, a déjà produit de bons effets. *L'ordre règne partout ;* quelques autorités, un instant méconnues, ont été rétablies. Cependant, *malgré la volonté du pays qui vient de se produire dans une éclatante manifestation,* une poignée de *misérables* rêvent encore, à l'aide de prétendus *sentiments fraternels et patriotiques,* le renversement de la société *qui les réprouve.*

« Ces réformateurs d'une nouvelle espèce, traînant à leur suite *le meurtre et le pillage,* osent se montrer sur plusieurs points et notamment dans les forêts et les landes du Lot-et-Garonne.

« Je rappelle à tous les chefs de colonne mobile et aux commandants militaires des départements en état de siége, l'ordre déjà donné de faire FUSILLER SUR-LE-CHAMP *tout individu pris les armes à la main.* »

« *Signé :* BOURJOLLY. »

FUSILLER, FUSILLER, toujours FUSILLER !... Cet horrible mot résume la victoire du 2 décembre. FUSILLER, FUSILLER, toujours FUSILLER !...

VIII

Malgré les ordres sanguinaires du ministre de la guerre et du préfet de police, les barricades de Paris furent vaillamment défendues (1). Le plan

(1) Voici trois des proclamations adressées par les Membres de la Montagne restés libres au Peuple et à l'Armée :

« AU PEUPLE ET A L'ARMÉE.

« Louis-Napoléon Bonaparte est un traître.

« Il a violé la constitution.

« Il s'est lui-même mis hors la loi.

« Les représentants républicains rappellent au peuple et à l'armée les articles 68 et 110 de la constitution ainsi conçus :

« ARTICLE 68. Toute mesure par laquelle le président de la République dissout l'Assemblée, la proroge ou met obstacle à l'exercice de son mandat est un crime de haute trahison. Par ce seul fait, le président est déchu de ses fonctions, les citoyens sont tenus de lui refuser obéissance.

« ARTICLE 110. L'Assemblée constituante confie la défense de la présente constitution et les droits qu'elle consacre à la garde nationale et au patriotisme de tous les Français.

« Le peuple, désormais et à jamais en possession du suffrage universel, le peuple, qui n'a be-

adopté, le 3 au soir, par les membres de la Montagne et les chefs du Peuple

soin d'aucun prince pour le lui rendre, saura châtier le rebelle.

« Que le peuple fasse son devoir, les représentants républicains marchent à sa tête.

« Vive la République! vive la constitution! vive le suffrage universel! »

« AUX ARMES!

« La République, attaquée par celui qui lui avait juré fidélité, doit se défendre et punir les traîtres.

« A la voix de ses représentants fidèles, le faubourg Saint-Antoine s'est levé et combat.

« Les départements n'attendent qu'un signal et il est donné.

« Debout tous ceux qui veulent vivre et mourir libres!

« Pour le comité de résistance de la Montagne,

« *Le représentant du peuple délégué*,

« A. Madier-Montjau.

« 3 décembre. »

« A L'ARMÉE!

« Soldats,

« Un homme vient de briser la constitution. Il déchire le serment qu'il avait prêté au peuple, supprime la loi, étouffe le droit, ensanglante Paris, garrotte la France, trahit la République.

« Soldats, cet homme vous engage dans son crime. Il y a deux choses saintes : le drapeau, qui représente l'honneur militaire, et la loi, qui repré-

qui s'étaient mis en rapport, avait été de ne pas accepter d'abord d'engagement

sente le droit national. Soldats! le plus grand des attentats, c'est le drapeau levé contre la loi!

« Ne suivez pas plus longtemps le malheureux qui vous égare. Pour un tel crime, les soldats français sont des vengeurs, non des complices.

« Tournez vos yeux vers la vraie fonction de l'Armée française. Protéger la Patrie, propager la Révolution, délivrer le Peuple, soutenir les nationalités, affranchir le continent, briser les chaînes partout, défendre partout le droit, voilà votre rôle parmi les armées d'Europe. Vous êtes dignes des grands champs de bataille.

« Rentrez en vous-mêmes, réfléchissez, reconnaissez-vous, relevez-vous! Songez à vos généraux arrêtés, pris au collet par des argousins, et jetés, menottes aux mains, dans la cellule des voleurs! Le scélérat qui est à l'Élysée croit que l'Armée de la France est une bande du Bas-Empire, qu'on la paye, qu'on l'enivre, et qu'elle obéit! Il vous fait faire une besogne infâme : il vous fait égorger, en plein dix-neuvième siècle, et dans Paris même, la Liberté, le Progrès, la Civilisation; il vous fait détruire, à vous enfants de la France, tout ce que la France a si glorieusement et si péniblement construit en trois siècles de lumières et en soixante ans de révolutions!

« Soldats, si vous êtes la grande Armée, respectez la grande Nation!

« Nous, citoyens, nous, représentants du peuple et vos représentants; nous, vos amis, vos frères; nous qui sommes la loi et le droit; nous qui nous dressons devant vous en vous tendant les bras, et que vous frappez aveuglément de vos épées, savez-vous ce qui nous désespère, ce n'est

sérieux avec la troupe, de la tenir en haleine, de la fatiguer nuit et jour par des marches et des contre-marches, de se retirer chaque fois qu'elle avancerait.

On voulait ainsi gagner du temps afin que la province pût se soulever tout entière, et l'on comptait réunir toutes les forces de la démocratie pari-

pas de voir notre sang qui coule, c'est de voir votre honneur qui s'en va !

« Soldats, un pas de plus dans l'attentat, un jour de plus avec Louis Bonaparte, et vous êtes perdus devant la conscience universelle. Les hommes qui vous commandent sont hors la loi. Ce ne sont pas des généraux, ce sont des malfaiteurs : la casaque des bagnes les attend. Vous, soldats, il en est temps encore, revenez à la Patrie, revenez à la République.

« Si vous persistiez, savez-vous ce que l'histoire dirait de vous ? Elle dirait : Ils ont foulé aux pieds de leurs chevaux, et écrasé sous les roues de leurs canons toutes les lois de leur pays. Eux, soldats français, ils ont déshonoré l'anniversaire d'Austerlitz !

« Soldats français, cessez de prêter main-forte au crime !

« Paris, 3 décembre 1851. »

Hélas ! l'Armée ne pouvait comprendre ce langage. Elle obéissait à la discipline, qui lui commandait de tuer les citoyens et la constitution !

sienne pour livrer un grand et décisif combat le vendredi. Cette résolution était inspirée, sans même qu'on s'en rendît bien compte, par la réserve des masses populaires. Mais les hommes d'action ne comprennent pas ces habiles tactiques. Ceux qui furent aux barricades s'y rendirent avec des armes et y bravèrent, malgré l'inégalité du nombre, le choc d'une armée entière lancée contre eux.

Le rapport de M. Magnan, général en chef des insurgés, donne exactement le détail des différentes positions de toutes les barricades et des opérations de guerre ; nous le copions :

« ... Le 4, à deux heures de l'après-midi, toutes ces troupes s'élancèrent en même temps. La brigade Bourgon balaye le boulevard jusqu'à la rue du Temple, et descend cette rue jusqu'à celle de Rambuteau, enlevant toutes les barricades qu'elle trouve sur son passage.

« La brigade de Cotte s'engage dans la rue Saint-Denis, pendant qu'un bataillon du 15e léger était lancé dans la rue du Petit-Carreau, déjà barricadée.

« Le général Canrobert, prenant position à la porte Saint-Martin, parcourt la rue du faubourg de ce nom et les rues adjacentes, obstruées par de fortes barricades, que le 5e bataillon de chasseurs à pied, aux ordres du commandant Levassor-Sorval, enlève avec une rare intrépidité.

« Le général Dulac lance, à l'attaque de la barricade de la rue de Rambuteau et des rues adjacentes, des colonnes formées des trois bataillons du 51e de ligne, colonel de Lourmel, et de deux autres bataillons, l'un du 19e de ligne, l'autre du 4e, appuyés par une batterie.

« En même temps, la brigade Herbillon, formée en deux colonnes, dont l'une était dirigée par le général Levasseur en personne, pénétrait dans le foyer de l'insurrection par les rues du Temple, de Rambuteau, et Saint-Martin.

« Le général Marulaz opérait dans le même sens par la rue Saint-Denis, et jetait dans les rues transversales une colonne légère aux ordres de M. le colonel de la Motterouge, du 19e léger.

« De son côté le général Courtigis, arrivant de Vincennes, à la tête de sa brigade, balayait le faubourg Saint-Antoine, dans lequel plusieurs barricades avaient été construites.

« Ces différentes opérations ont été conduites, sous le feu des *insurgés*, avec une habileté et un entrain qui ne pouvaient pas laisser le succès douteux un instant. Les barricades, attaquées d'abord *à coups de canon*, ont été enlevées à la baïonnette. Toute la partie de la ville qui s'étend entre les faubourgs Saint-Antoine et Saint-Martin, la pointe Saint-Eustache et l'Hôtel de ville, a été sillonnée en tout sens par nos colonnes d'infanterie, les barricades enlevées et détruites, les insurgés dispersés et tués. Les rassemblements qui ont voulu essayer de se reformer sur les boulevards ont été chargés par la cavalerie du général Reybell, qui a essuyé, à la hauteur de la rue Montmartre, une assez vive fusillade.

« Attaqués de tous les côtés à la fois, déconcertés par l'irrésistible élan de nos troupes, et par cet ensemble de dispositions enveloppant, comme dans un réseau de fer, le quartier où ils nous avaient attendus, les *insurgés* n'ont plus osé rien entreprendre de sérieux, » etc.

En raison même du petit nombre de combattants, les barricades étaient d'une construction légère et faites avec des matériaux peu propres à une longue résistance. On voit cependant qu'il ne fallut pas moins que le canon et des forces considérables pour écraser le noyau de braves qui prirent le fusil. Ceux qui sont morts méritent les honneurs, ceux qui ont survécu méritent les récompenses que la Patrie décerne à ses défenseurs. Leur courage a été admirable, leur conduite irréprochable. Voici comment ces généreux citoyens, que les honnêtes gens de l'exploitation napoléonienne appellent « des brigands, » pratiquaient « le pillage et la destruction ».

Au moment où ils s'emparent de la mairie du 5ᵉ arrondissement, un employé se présente à un des chefs de la colonne.

— Monsieur, je suis le caissier des pauvres. La caisse est ici, je vous en préviens.

— C'est bien, monsieur. Je la laisse sous votre garde, et je la mets sous la responsabilité de tous nos hommes.

— Oui, oui ! s'écrient les blouses, et mort aux voleurs !

Alors un des combattants ramasse un morceau de pierre blanche et écrit sur les portes de la mairie : Mort aux voleurs ! Le caissier des pauvres du 5ᵉ arrondissement est sans doute encore à son poste, s'il n'est pas républicain qu'il nous démente !

Nous ne citons pas cet épisode comme digne de grands éloges; rien n'est plus simple, et nos amis nous sauraient fort mauvais gré de les louer d'avoir respecté une caisse; nous voulons seulement donner un des mille exemples de la manière dont les défenseurs de la République démocratique et sociale ont mérité le titre de pillards.

Mais ce que nous avons le droit de rappeler avec orgueil, ce sont des traits d'une intrépidité rare; d'une grandeur d'âme sublime. Il faut citer entre autres celui de Denis Dussoubs.

Denis Dussoubs avait depuis longtemps souffert pour la cause du bien. Autrefois membre de *la société des familles*, et de *la société des saisons*, où figuraient en première ligne, nos chers et honorés amis Barbès et Martin Bernard, il avait pris part contre le gouvernement de Juillet, aux luttes que chacun sait; disciple de Pierre Leroux, il avait prêché partout la foi démocratique et socialiste avec enthousiasme ; victime de la réaction qui sapait la République après l'avoir acclamée, il avait été condamné à la suite des événements de 1848, à Limoges. Il sortait de Belle-Ile depuis six mois, au moment où le guet-apens du 2 décembre vint déshonorer Paris. Le scepticisme des masses en présence de ce crime l'affecta profondément, et il conçut le dessein de donner au prix de sa vie un exemple éclatant de protestation. Plusieurs fois dans la journée du 4, ses amis l'entendirent répéter, d'un air grave et pensif :

— Il faut faire quelque chose ; il faut faire quelque chose.

Voici ce qu'il fit.

Son frère, Gaston Dussoubs, représentant du peuple, atteint de douleurs rhumatismales aiguës, ne pouvait littéralement se mouvoir. Denis s'empara de son écharpe, et profitant d'une grande ressemblance fraternelle, il se donna pour le représentant aux barricades où il courut. Qui le blâmera de cette usurpation d'un titre, alors que ce titre était à la fois un drapeau et un danger? Ainsi se présenta-t-il à la prise de la mairie du 5e arrondissement dont nous avons déjà parlé. Vaincu sur ce point, il se dirige aussitôt vers le quartier Montorgueil, où s'élevaient plusieurs barricades, et vient se placer à celle de la rue Saint-Eustache. Dès que les troupes parurent, il descendit de leur côté pour les haranguer. L'officier commandant, ému de la généreuse ardeur qui animait ses gestes, ses paroles, et qui rehaussait la beauté mâle de son visage, voulut le préserver du fatal destin. Il essaya de lui montrer l'inutilité de la résistance en face des forces supérieures des insurgés. Le noble jeune homme repoussa cette honorable sollicitude, et n'ayant pu réussir à entraîner les soldats hors de leur fratricide discipline, il retourna vers la barricade. Mais au moment où il en gagnait le sommet en criant: « Vive la République ! » le dos encore tourné aux soldats, quelques-uns de ceux-ci firent feu, certainement sans ordre! Ils étaient ivres. Denis Dussoubs, frappé de deux balles à la tête, tomba foudroyé. Il était sans armes ; il venait de conjurer ces malheureux de ne pas se faire les bourreaux de la République ; ils l'ont tué par derrière. Il n'y a malheureusement pas à en douter. Son camarade, M. Tallandier, a vérifié sur son cadavre la marche des balles meurtrières.

Jeune homme au cœur chaud et plein de dévouement, Denis Dussoubs était vivement aimé de ceux qui le connaissaient. Ses amis firent de longues, de pénibles, d'infatigables recherches pour avoir son corps, et parvinrent à le trouver au cimetière des hospices où on l'avait porté après l'avoir déposé à la Morgue. Ils l'inhumèrent avec larmes et respect, sans avoir même la consolation de pouvoir écrire sur sa tombe : « Mort pour la République ! »

Denis Dussoubs, après ce qu'il avait vu depuis deux jours, après ce qui venait de se passer sous ses yeux faubourg Saint-Martin, où les bras manquèrent aux fusils, ne gardait plus d'espérance dans le succès de la bataille, mais il avait résolu de porter jusqu'à la mort le devoir de la résistance. Il allait bien au combat comme un drapeau, car, blessé à la main droite quelques jours auparavant, il ne lui était pas possible de tenir une arme ; il recevait le feu sans pouvoir le rendre. Un sentiment tout spiritualiste le poussait vers un beau trépas. Avec son bras impuissant, son cœur indomptable, et son écharpe qui le désignait aux coups de l'ennemi, ce jeune homme était comme la protestation vivante du droit contre la force brutale. Sa mort héroïque couronne une vie d'apostolat, il est un de ceux par qui l'honneur de la République et du Socialisme a été sauvé, un de ces glorieux martyrs de la liberté auxquels la patrie élèvera un monument de reconnaissance. C'est pour elle un devoir; elle l'accomplira à la prochaine révolution qui doit faire remonter la France au rang d'où elle est un instant déchue.

Racontons encore un trait qui repose un peu l'âme au milieu de ces scènes de désolation. Au n° 17 ou 19 du boulevard Poissonnière, est une grille qui ouvre sur une allée conduisant à la loge de la portière. Une pièce de canon était braquée en biais sur cette maison qui fut une des plus maltraitées du boulevard. La portière, sortie pour voir ce qui se passait, aperçut des canonniers prêts à faire feu, et rentra. Le coup partit et vint frapper justement là où elle se trouvait deux secondes auparavant. Après l'explosion elle entendit des cris terribles et distingua le bruit de sa grille fortement ébranlée. Elle eut l'idée qu'on cherchait un refuge chez elle ; elle tira aussitôt le cordon, la grille s'ouvrit toute grande, et deux hommes blessés tombèrent à l'entrée de l'allée. La fusillade et la canonnade continuaient ; les balles grêlaient autour de la tête de la courageuse femme. Rien n'arrête sa compassion. Elle s'avance jusqu'aux deux blessés, les prend l'un après l'autre, et, les traînant par dessous les bras fort lentement, car elle n'avait pas assez de force pour les porter, elle les amène jusque dans sa loge. Là elle les soigne de son mieux, étanche leur sang, essaie de soulager leurs souffrances, puis enfin, quand le passage est rétabli sur les boulevards, elle court chercher un chirurgien, qui a raconté le fait. Quel regret nous avons de ne pas savoir le nom de cette noble femme! Au bout de chaque page que le peuple fournit aux annales de l'humanité il ajoute toujours: Anonyme!

D'autres barricades s'élevèrent encore dans la soirée, rues Saint-Honoré, Montmartre, Montorgueil, Pagevin et Fossés-Montmartre, ainsi qu'à La Chapelle-Saint-Denis et à Belleville. Un moment quelques vaillants y tinrent bon, mais les gros bataillons les accablèrent. Le nombre manqua toujours à la valeur de ceux qui agirent. Leur dévouement n'en est que plus glorieux.

Le lendemain matin, 5, deux dernières barricades, commencées barrière Rochechouart et faubourg Poissonnière, furent trop faibles pour ne pas être abandonnées à l'approche de l'ennemi.

La légalité, le droit, l'honneur étaient décidément vaincus... Les forces énormes de l'insurrection, sa puissante organisation préparée depuis plus d'un an, la trahison de l'armée, l'absence de la garde nationale, la froideur du peuple, la difficulté de combiner des moyens de défense suffisants rendirent infructueux les efforts de la résistance. La grande et illustre capitale de la France, traîtreusement surprise et enveloppée d'un cercle de fer pendant son sommeil, avait en vain cherché à se dégager, elle dut se soumettre aux hordes prétoriennes.

IX

Nous cherchons, autant que nous pouvons, à nous entourer du témoignage de nos ennemis. Ce que nous avons à dire est si peu vraisemblable, on aura tant de peine à admettre que de telles choses puissent se passer encore au dix-neuvième siècle, au milieu d'une des cités les plus civilisées de la terre, que nous voulons forcer tout le monde à les croire en en montrant la confirmation dans la propre bouche des conquérants.

M. Mauduit est un ardent admirateur de M. Bonaparte et un amant passionné de l'armée. Il dit à chaque page que l'armée avait à venger « les injures de 1830 et de 1848; » il l'approuve de s'être vengée; il a donné pour titre à son livre, le vrai nom du 2 Décembre : *Révolution militaire du 2 Décembre*. Ce qu'il dit de l'aspect de Paris, le 4 et le 5, de la consternation des habitants, il l'a vu, il l'a noté avec la satisfaction d'un vainqueur, et en si méchant style qu'il le raconte, il faut l'en croire, car ce n'est que l'expression de la vérité.

Eh bien ! M. Mauduit, qui cherchait partout, avec l'anxiété paternelle, son fils, aide de camp du général Cotte, rapporte ceci :

« Le 4, à huit heures du soir, je me déterminai à m'aventurer vers la Chaussée-d'Antin. Dans le passage Delorme, je trouvai l'un de mes anciens camarades de régiment, qui me dit :

« — Vous ne pourrez traverser le boulevard, mon cher ami, *sans vous exposer à des coups de pistolet ou de lance de la part des vedettes* placées à chaque angle des rues; les boulevards sont jonchés de cadavres, etc.

« Je m'acheminai seul vers les boulevards; de loin en loin, quelques individus attardés rentraient chez eux, mais nul curieux, nul groupe causant sur le seuil des portes, comme c'est l'ordinaire en pareilles conjonctures; *partout un aspect lugubre !*

« — N'allez pas vers les boulevards, me dit à voix basse un passant qui en revenait, et que je trouvai au milieu de la rue de la Michodière, *on tire sur tout ce qui traverse.*

« — Merci, monsieur, de votre bon conseil, répondis-je, mais il me faut à tout prix me rendre dans la Chaussée-d'Antin.

« Je continuai et traversai le boulevard à la hauteur des Bains chinois.

« Un groupe assez nombreux, mais *consterné,* était formé au débouché de la rue du Mont-Blanc; on y écoutait le récit d'un individu qui venait, disait-il, de voir rangés sur l'asphalte qui borde le grand dépôt d'Aubusson, *une trentaine de cadavres bien vêtus*, et *parmi eux celui d'une femme.*

« *Une impression de terreur dominait dans ce groupe,*et semblait paralyser tout le monde, car chacun se retirait en silence après avoir recueilli sa part des sinistres nouvelles du moment....

« J'arrivai enfin à l'hôtel de mon fils; il n'y avait pas paru, etc.

« Je revins sur mes pas avec la ferme intention d'arriver jusqu'à sa brigade... Mais impossible, le boulevard est partout intercepté, l'on ne peut même aborder une vedette pour en obtenir le plus léger renseignement.

« En reprenant la rue de la Michodière, un monsieur vint à moi et me demanda de l'accompagner.

« — Que d'affreux malheurs, monsieur ! s'écria-t-il, et que de malheurs plus affreux encore, *si tous les honnêtes gens ne se réunissent pour* ARRÊTER CETTE HORRIBLE BOUCHERIE, *en envoyant supplier le Président de la République de renoncer à son coup d'État* et de résigner son autorité !... Demain, tout Paris sera sous les armes et les rues couvertes de barricades.

« — Je n'en crois rien, répondis-je ; le combat a été trop vigoureusement accepté et soutenu par les soldats, pour laisser aux Parisiens quelque illusion sur l'issue d'une lutte prolongée. La population parisienne ne s'est jamais montrée crâne que devant des adversaires faibles en nombre, irrésolus dans leurs plans et prêts à lui céder le champ de bataille ; il n'en sera pas de même du Président de la République, ni de l'armée *qui se dévoue à l'accomplisse-*

ment de son œuvre. Demain, Paris *sera dans la stupeur,* je ne le conteste pas, mais nullement tenté de prolonger la lutte. (Pages 255, 256).

« La victoire restait à Napoléon... Jetons, lecteurs, jetons un voile funèbre sur les victimes nombreuses de nos discordes, *qui gisent çà et là* depuis Tortoni jusqu'à la porte Saint-Denis, et parfois *par groupes réunis !...* (Page 257.)

« Dès sept heures du matin, le lendemain 5, je recommençais mes pérégrinations historiques. Peu d'habitants s'étaient encore hasardés à sortir. L'aspect du quai depuis l'Hôtel de ville jusqu'aux Champs-Élysées était sombre. Les quelques passants que je rencontrais portaient sur leurs traits l'empreinte de l'inquiétude, quelques-uns même de la stupéfaction... » (Page 261.)

Des Champs-Élysées, le capitaine prend les boulevards à partir de la Madeleine : « Au débouché de toutes les rues, et jusqu'à la Bastille, se trouvait un peloton de cuirassiers ayant tous des vedettes ambulantes, *le sabre pendant à la dragonne et le pistolet au poing*. Les abords de Tortoni et de la Maison Dorée étaient occupés par les mêmes groupes que les deux jours précédents, et presque aussi compactes, mais les figures y étaient sombres et généralement silencieuses et non provocatrices comme la veille. *La colère s'était concentrée, mais non calmée*. (Page 264.)

« A l'entrée du faubourg Poissonnière, le boulevard offrait l'image du plus affreux désordre : *toutcs les maisons étaient criblées de balles*, tous les carreaux brisés, toutes les colonnes vespasiennes démolies, et leurs débris de briques répandus çà et là sur la chaussée ; des avant-trains d'artillerie brisés brûlaient encore à un feu de bivouac, qui, en ce moment, achevait de dévorer une roue. Les pièces attelées *étaient en batterie* sur le milieu de la chaussée, prêtes à repousser toute attaque venant du boulevard du Temple ;

mais l'armée socialiste était vaincue. (Page 266.)

« Parvenu à la rue Rambuteau, je me dirigeai, comme le public en procession, vers Saint-Eustache, et ne tardai pas à voir toutes les têtes en l'air et les yeux fixés sur plusieurs maisons, particulièrement sur celle qui forme l'angle de la rue du Temple, et qui, en effet, *était criblée.* A ses pieds se trouvaient encore les débris de l'omnibus qui avait servi de base à la barricade, *cause de tous ces dégâts.*

« L'omnibus fut démoli *à coups de canon,* tout rempli de pavé qu'il fût, et servit à alimenter le bivouac pendant la nuit.

« Une compagnie de grenadiers du 43ᵉ de ligne occupait les maisons des quatre angles des rues du Temple et Rambuteau. *A chaque croisée se trouvait un grenadier assis sur une chaise, ayant le fusil chargé, et prêt à faire feu au moindre geste hostile* de cette population *plus comprimée que satisfaite* de ce qu'elle voyait : les figures étaient *mornes*. (Pages 269, 270.)

« J'entrai dans la rue Saint-Denis, où s'étaient livrés les combats les plus sanglants. Deux *énormes brèches* à deux angles de maisons annonçaient que là s'étaient arrêtés *deux obus* avant leur explosion, qui, par leur détonation, avaient brisé tous les carreaux du voisinage. Plus loin, à la maison formant l'angle gauche de la rue Saint-Denis et du boulevard Bonne-Nouvelle, il ne reste plus un carreau ni aux devantures des magasins ni aux croisées. C'est le résultat des détonations *des pièces* que l'on avait dû mettre en batterie *pour battre en brèche* les barricades élevées devant la porte Saint-Martin. (Page 271.)

« Me voici sur le boulevard, que je remonte dans la direction de la Madeleine; presque toutes les maisons du boulevard Bonne-Nouvelle et particulièrement celles des angles des rues Poissonnière et Mazagran sont *criblés de balles* et peu de carreaux ont échappé à l'ouragan. Sur le boulevard Poissonnière, *l'on voit encore* sur les marches du grand dépôt d'Aubusson *une mare de sang* que l'on eût bien dû faire disparaître en enlevant *les vingt-cinq ou trente cadavres que l'on y avait rangés et laissés exposés,* pendant vingt-quatre heures, aux regards d'un public *consterné.* *Un* coup de fusil, parti de ce vaste établissement, sur la tête de la colonne du général Canrobert, *a causé ces malheurs.* Des maçons sont occupés à réparer *les brèches* faites à la façade de ce bel hôtel *par la mitraille et les boulets.*

« *Une impression de stupeur se fait remarquer sur toutes les figures.* On ne s'aborde qu'avec hésitation et pour se demander avec inquiétude : Comment cela finira-t-il ? *Peu de figures ne sont pas au moins soucieuses ;* quelques-unes *peignent la colère et la rage concentrées,* et s'expriment à mi-voix où ne respirent *que la haine et la vengeance... contre le*

Président, contre les généraux et la graine d'épinards. (273, 274.)

« ... Je repris, à la porte Saint-Martin, la ligne des boulevards que je suivis cette fois jusqu'à la Madeleine. La population habituelle de ce séjour de la *flânerie* conservera longtemps le souvenir des charges du 1er de lanciers et saura, que s'il y a du courage à se battre sur une barricade, l'on ne tire pas toujours impunément *du fond d'un salon brillant* et même masqué par la poitrine d'une jolie femme, contre une troupe armée *uniquement* de lances et de pistolets. Plus d'un brave de cette espèce ont payé cher leurs injures et leur fusillade *à la Jarnac* ;.... plus d'une amazone du boulevard *a payé cher également* son imprudente complicité à ce nouveau genre de barricade.... puissent-elles en profiter pour l'avenir !... »

A défaut du reste, ces derniers traits si calomnieux contre la bourgeoisie, cette satisfaction hideuse à rappeler la mort des femmes « qui ont payé cher leur complicité, » révéleraient un capitaine bonapartiste.

Ce récit est donc bien, on le voit, celui d'un ami de la *révolution militaire*. Quelle impression en résultera-t-il pour tout le monde ? C'est que l'armée française a fait la guerre à Paris ; c'est que partout l'armée française a tiré le canon au milieu de la capitale du monde civilisé, et fait brèche à mille maisons pour soutenir une violation flagrante des lois ; c'est que, *pendant la bataille*, tout le monde était rempli de consternation ; c'est que les hommes paisibles abordaient alors les passants et exprimaient le désir « qu'on fît cesser la boucherie en suppliant le président de renoncer à son coup d'État ; » c'est que *le lendemain*, l'armée, comme en une ville ennemie prise d'assaut, se tenait à tous les coins de rue, le pistolet au poing, les canons en batterie ; c'est enfin, que partout, dans les quartiers du peuple comme dans ceux de la bourgeoisie la plus riche, au carré Saint-Martin comme devant Tortoni, la physionomie de « la population plus comprimée que satisfaite, exprimait une colère concentrée ».

Ainsi, de l'aveu même d'un décembriseur, l'armée française a la gloire d'avoir vaincu Paris dans ce qu'il y a eu de résistance; mais la grande ville, surprise, trahie, abîmée sous la mitraille, « respire la haine et la vengeance contre le président et les généraux ».

Jamais rébellion du pouvoir ne réussit par des moyens plus sanguinaires. Ce que Charles X et Louis-Philippe n'osèrent ou ne voulurent pas faire pour défendre leur trône, M. Bonaparte l'a fait pour voler le sien : il a tiré le canon dans nos rues ; des maisons du quartier le plus opulent, dans lesquelles rien n'était plus facile que de pénétrer, qui ne se défendaient pas, ont croulé sous les boulets de ses artilleurs. Le Bourbon de Naples en fit autant à Messine. L'Italie indignée le stigmatisa du nom de roi Bomba. M. Bonaparte aura le nom de président Obus.

FIN.

Typ. de Rouge, Dunon et Fresné, r. du Four-St-Germ., 43.

Typ. Rouge frères et Cie, rue du Four-Saint-Germain, 43.

www.ingramcontent.com/pod-product-compliance
Ingram Content Group UK Ltd.
Pitfield, Milton Keynes, MK11 3LW, UK
UKHW020123200726
13856UKWH00002B/700